森と緑の中国史——エコロジカル-ヒストリーの試み

森と緑の中国史

エコロジカル-ヒストリーの試み

上田信

Makoto Ueda

岩波書店

目　次

II　黄土高原

III　東南山地

大興安嶺
東北平原
モンゴル高原
長城
(武川鎮)
陽高
大同
天鎮
北京
広霊
(雁門)
恒山
太行山脈
華
(大陸沢)
黄
北
(沛丘)
(萊)
(陶)
河
(斉)
青島(瑯邪)
洪洞
延安
河
平
(郎)
土高原
(首山)
二里頭
黄
(孟諸沢)
(具圃)
河
西安
(邙山)
(原圃)
原
河
山
秦嶺山脈
淮
(州来)
南京
(建康)
長
江
(武城)
(褒中)
漢
水
蘇州(姑蘇)
杭州(臨安)
上海
上虞(始寧)
寧波
天目山
武漢
(雲夢沢)
黄山
祁門
婺源
淳安
天童山
(四明山)
諸曁
紹興(会稽)
臨海
天台
江
三峡ダム
重慶
九嶺山
長沙
東南山地
福州
沅
江
凱里
広州(南越)
山岳州
ルソン島
金華山島
柏市
流山市
野田市
東京
夙川
徳島
日田市
綾町

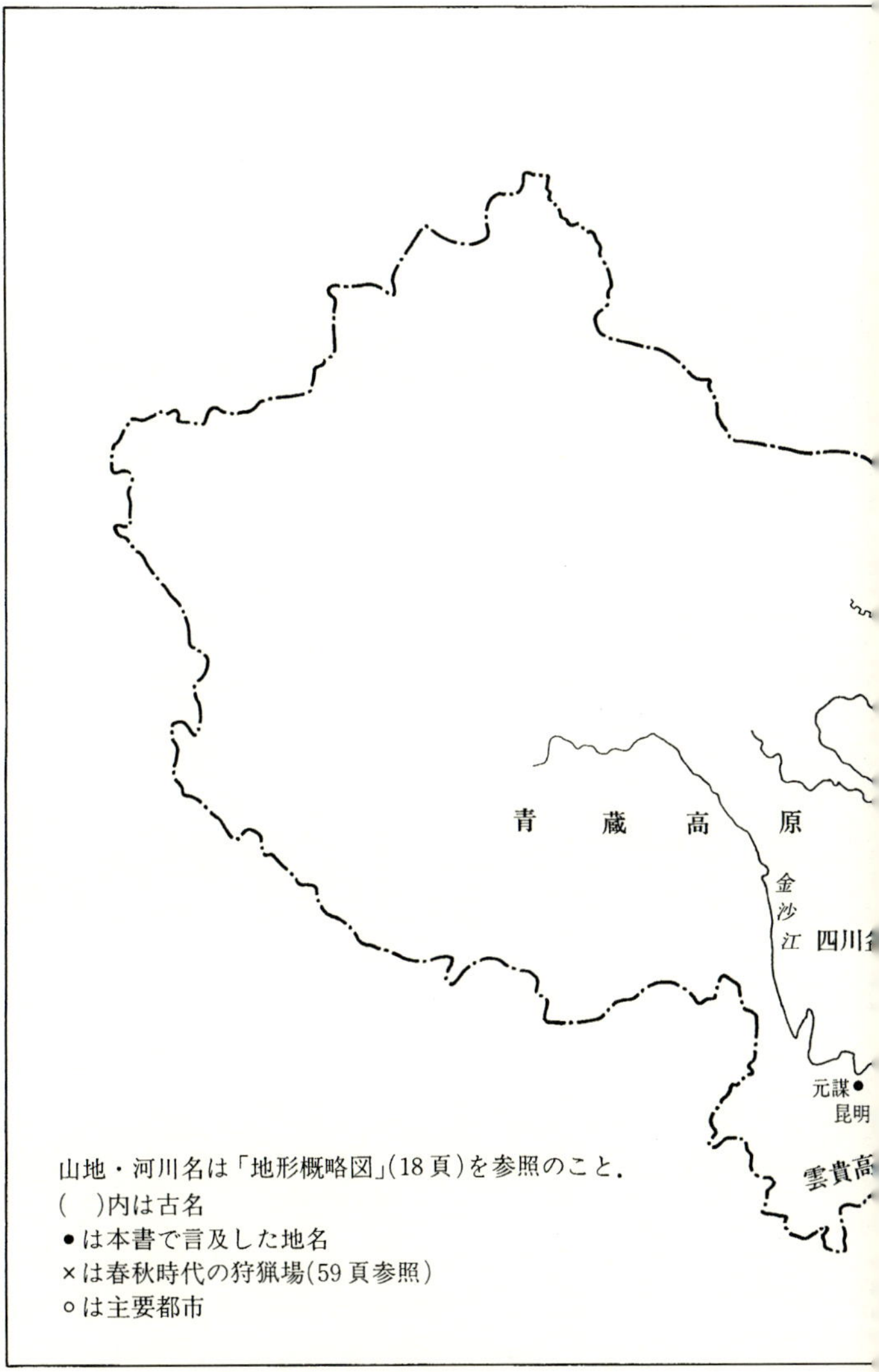
青　蔵　高　原
金沙江
元謀
昆明
山地・河川名は「地形概略図」(18頁)を参照のこと.
(　)内は古名
●は本書で言及した地名
×は春秋時代の狩猟場(59頁参照)
○は主要都市

中国および周辺図

プロローグ

消えた山林

中国の森林の歴史を調べてみよう、私にそう思い立たせた一つの光景がある。一九八三年冬、中国留学中に浙江省の寧波から山間の天台までバスに乗って旅をしたときに出会った光景だ。

冷え冷えとした冬の朝、私は寧波のバス南ターミナルから、天台行きのバスに乗り込んだ。天台には、唐の時代に多くの留学僧を受け入れた国清寺がある。歴史の蹟《あと》を訪ねるという、旅のきっかけはいかにも歴史の学徒らしい動機だった。

バスは乗客を満載し、自転車をかき分けかき分け市街地を抜け、農村地帯を駆けて行く。半時《はんとき》ほどで寧波平野のはずれに至り、バスは山麓に沿って走り、しだいに山懐に分け入る。土の色が赤紫色になる。面白いことに、しかし当然なことに、家々の土壁の色も大地と同じ赤紫色だ。家屋は近くの土を塗り固めて建てられている。むき出しの大地も村も、すべてが土の色に統一され、冬だということもあるが、眼を休める緑はまったく見あたらない。

天台県にはいるころ、道は急途となりヘアピンカーブを曲がりながら登っていく。いったいどんな山奥に連れていかれるのかと、次第に不安になった。車窓から見えるのは段畑。谷の対岸を眺めると、段畑が山頂近くまで築かれており、小さな丘は完全に上まで耕されている。村の裏手に雑木林が見えないものかと眼をこらしても、周囲には樹林らしいものはまったく見られない。

無意識のうちに、私は峠を乗り越したら緑の森に出会えるものと思い込むようになっていた。バスは急斜面にさしかかり、ヘアピンカーブを息を切らせながら登り詰めて行く。一五分あまりでバスは斜面を登り詰め、峠を越えた。

突然、目の前に開けた視野に山のうねりが飛び込み、地平線の彼方まで見渡せた。そのすべてが段畑だった。私は固い座席のうえで声を吞み、打ちのめされたような気持ちになった。

日本でも段畑で有名なところが幾つかある。四国の山間地域などであるが、いずれも自然の山のひだの中にくるまれて、慎ましやかに耕作しているといった印象を受ける。しかし、いま私の目の前に広がる段畑は、自然の収奪、自然の征服ではないか。褐色の畑、そこから毎年流れ出る土壌は計り知れないことであろう。この段畑、あるいは人民中国になってから造成されたものかもしれない。人の力によって労働集約的に畑を造っていることは、たとえばほんの一メートル四方にもみたない耕地からも窺い知ることができる。

「日本人はここまで自然を征服できないのではないか。四国の阿波の国を旅したとき、あちらこちらにこんもりと盛り上がっている鎮守の杜を見かけた。参道の入り口に立てられた解説板によれば、鎮守の杜の植物を調べると、原生林の植生に近いとあった。日本の文化も自然を破壊しつづけてきたが、申しわけ程度には森を残しておかなければ気がすまないのだろう。それに対して中国の文明は、自然を完全に排除し、人工をもって代えるところにその本質があるのではないか」。こんな文章を旅日誌に、私は書き付けている。

旅日誌を読み返してみると、たかだか一五分ぐらいの体験でしかなかったわけであるが、その段畑の光景は私にとって一つの原点ともなった。興奮した印象の記録は、独り善がりの思い込みともいえよう。日本人が自然にやさしいわけではないことは、バブル経済の時期の開発を見て痛感した。また中国人も、その文明の宿命として自然破壊をしているわけではない。歴史に翻弄され、止むを得ず森を伐り開いてきたのだ。しかし、あのとき天台に向かう山々に森が存在していなかったことは、確かなことである。なぜだ。その疑問は私の頭の奥に、刻み込まれた。中国の歴史を森の側から見たらどうなるのか。まだ誰も手を着けていない。自力で一歩ずつ歩んで行く以外に、方法はない。

時空をめぐる中国森林の私の旅を始める前に、まず土俵を定める必要がある。空間的な広がりを確定するために、まず植生区分と地形とを明らかにし、時間的な広がりを確定するために、文明と文化という視点から中国二五〇〇年の歴史を時代区分する。プロローグの以下に続く箇所は、すこしばかり読みにくいだろうが、時空の座標軸さえ定めてしまえば、あとは風の吹くまま気の向くままに旅を進めることができるというものだ。

その旅はまだ始まったばかり。その旅の中間報告、旅の仲間を募る誘いの書として、筆を進めることとしたい。

生態系のまとまり

歴史の舞台となる中国の大地は、広大であるばかりでなく、多様性に富んでいる。森と人との関係史を明らかにするには、生態学的なまとまりを有する地域を明確にしておく必要がある。その目的からすると、植生と地形との二つの側面から区分を立てておく必要があるだろう。

ここに掲げた図は、一九八〇年に整理された中国植生区画図。これによれば現在の国土は、ⅠからⅧまでの八つに大きく区分される(呉征鎰主編『中国植被』科学出版社、一九九五年)。

Ⅰは針葉樹林区域であり、中国の森林資源の基地と位置づけられる大興安嶺が広がる。この中国最北端の地では、冬になると気温マイナス三〇度以下、夏になると凍土が融けて水びたしになるという。このきびしい自然にたえうる樹木の種類は限られる。強健な樹木の代表がカラマツだと、今西錦司らの『大興安嶺探検』(朝日文庫版、一九九一年、朝日出版社)に述べられている。

Ⅱは針葉樹と落葉広葉樹とが混交している区域だ。針葉樹としてはチョウセンゴヨウ(中国名は〈紅松〉)、〈沙冷杉〉(Abies holophylla モミ属)、〈紫杉〉(Taxus cuspidata var. latifolia イチイ属)、〈朝鮮崖柏〉(Thuja koraienses ネズコ属)などが挙げられる。落葉広葉樹では、〈紫椴〉(Tilia amurensis シナノキ属)、〈風樺〉(Betula costata カバノキ属)、ヤチダモ(中国名〈水曲柳〉)、キハダ(同〈黄檗〉)、オヒョウ(同〈裂葉楡〉)、オニグルミ(同〈核桃楸〉)、ハルニレ(同〈春楡〉)などが代表的な樹種となる。

ⅡとⅢの区域で植生を決定する最大の要素は、寒さだ。Ⅱの区域に見られる広葉樹は、冬になると

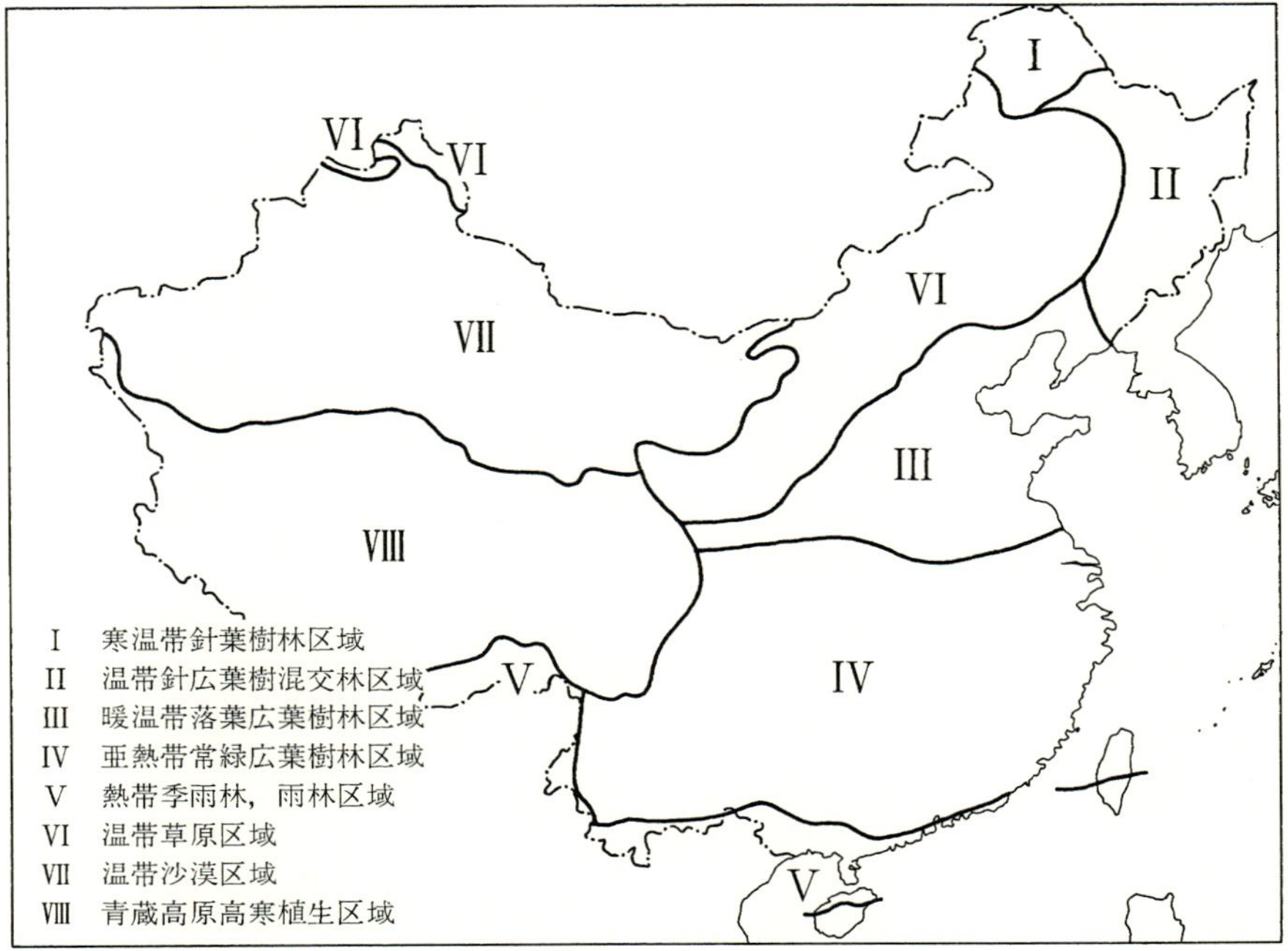
I
II
VI
VI
VI
VII
III
VIII
IV
V
V
I　寒温帯針葉樹林区域
II　温帯針広葉樹混交林区域
III　暖温帯落葉広葉樹林区域
IV　亜熱帯常緑広葉樹林区域
V　熱帯季雨林，雨林区域
VI　温帯草原区域
VII　温帯沙漠区域
VIII　青蔵高原高寒植生区域

中国植生区画図

低温のため、光合成で作られるエネルギー量が基礎代謝で消費される量を下まわる。葉を茂らせていると、木の負担となるので、葉を落とす。これに対して、Ⅲの区域に見られる落葉広葉樹は、冬の乾燥が制限条件となって、秋になると葉を落とす。したがって同じ落葉広葉樹といっても、種類が異なる。

Ⅲの暖温帯落葉広葉樹林の区域に生えている主な落葉広葉樹には、クヌギ(中国名〈麻櫟〉)、アベマキ(同〈栓皮櫟〉)、ナラカシワ(同〈槲櫟〉)、モンゴリナラ(同〈蒙古櫟〉)などがある。少し脱線すると、アベマキを見分けられる人なら知っているだろうが、この木の樹皮は肉厚で、コルク質が発達している。中国名にある〈栓皮〉とは、コルク栓のこと。この区域で標高が高いところでは、アカマツ(中国名〈赤松〉)や〈華山松〉(Pinus armandii マツ属)などが見られる。

樹木の名を見ると、馴染みのものだという印象を受けるだろう。ここに掲げた木々は、日本で雑木林を構成するものが多い。この区域の原生林は、人が足を踏み入れることを拒まない。Ⅲの地域的な広がりをみると、ずいぶんと寒いのではないかと感じる人もいると思う。しかし、植物の側から見ると、意外と暖かい。降水量さえ多ければ、Ⅲの区域の南部では常緑広葉樹も十分に生育できる。

Ⅲと後述するⅣの常緑広葉樹林帯とを分かつのは、降水量の差。中国は南北で雨の量がまるで異なる。これはインド洋で大量に水分を含んだ空気が中国の大地を北上するとき、秦嶺山脈と淮河とを結ぶ線で行く手を阻まれるからだ。地理学では有名な「秦嶺―淮河線」から北の地域は、ユーラシアの内陸を吹き抜けてきた偏西風の影響下にあり、雨が少ない。夏に南の気団の勢力が偏西風を圧したとき、一時的に前線が華北平野を北上し、恵みの雨をもたらす。年によっては、夏に北の気団の勢力が強く、湿った南からの空気が侵入することを阻むことがある。そのような年には、華中では大雨が降り大洪水となり、華北では日照りが続いて旱魃になることが多い。

中国の風土を表現するときに、「南船北馬」という言葉がしばしば使われる。私が初めて中国を訪ねたときに、この相違を痛感した。季節が冬だったこともあるだろう、北京で乾燥した空気は固かった。息をするたびに、角張った空気は気管を傷つける。ホテルのドアノブを触ろうものなら、静電気の火花が指先を焼く。マスクをしても、バスタブにお湯を張ったままにしても、乾燥を和らげることができない。私はすっかり参ってしまった。ところが列車で南京へと向かう途中、淮河を越えるあたりから突然、空気がやさしくなるのを感じた。車窓にはムギを植えた水田が広がり、褐色の畑ばかりの華北の風景とは、まったく異なっている。南部は水路が多く、交通手段も船が主となるのに対し、北部では乾燥した大地を行くには馬を使う、中国の概説書に書かれていることが、このとき実感として理解できた。

Ⅲの区域は地形の上で、三つの生態学的なまとまりに分けることができる。一つは黄河の下流域で、一般に華北平原と呼ばれている地域、二つ目は黄河支流の渭河を中心に広がる関中盆地(渭水盆地とも呼ばれる)。この二つの地域は、いわゆる黄河文明の揺籃の地となったところで、歴史的には中原と呼ばれることもある。最後は黄河の湾曲部の内側から太行山脈にかけて広がる黄土高原だ。

Ⅳは湿潤温暖な常緑広葉樹林帯。日本の四国や九州にみられる植生と非常によく似ている。代表的な樹木は、〈青棡〉(アラカシやその近似種)、シイ属、クスノキなどで、一年中、青々とした葉を茂らせている。この森を外から見ると、木々の葉の表面がてかてかと照り輝いて見える。そこで、照葉樹林という別名がある。

この区域も地形に応じて四つの地域に分けられる。一つは長江の中・下流域で、広大な沖積平野が広がるところ。古代にはその中流域では楚の文化が栄え、下流域では呉や越の文化が生まれた。第二は四川盆地。周囲を高山で囲まれ、歴史の上でも独特の歩みをしてきた。第三は長江の上流域でチベット高原につながる雲南省と貴州省とを包摂する高原で、雲貴高原と呼ばれる。現在はミャオ族やヤオ族、チワン族など、多様な文化を担う少数民族が多く住んでいる。第四は浙江省と安徽省の南部、江西省と福建省の全域、そして広東省の北部とに広がる東南山地。ここでは海岸線にほぼ平行して山脈が走り、大小の河川が山地のあいだを縫って流れ、多くの盆地が点在する。中国のなかでも、もっとも日本と類似した世界だ。

Ⅴの区域は熱帯季雨林帯。気温が高く降水量も多い。代表的な樹木は〈榕樹〉、つまり沖縄でいうガジュマルだ。その他、〈竜脳香〉(Dipterocarpus)、〈青皮〉(Vatica)、〈望天樹〉(Parashorea)、〈婆羅松〉(Shorea)など東南アジアの熱帯雨林・季雨林に共通するものが多く見られる。

Ⅵの区域には草原が広がり、さらに乾燥がきびしいⅦの区域は沙漠地帯となる。Ⅷの区域はチベット高原。標高が高く寒冷であり、特殊な植生が展開している。ただし草原、沙漠とチベット高原については、局地的にしか森林が見られないので、「中国森林史」の範囲では十分に取り上げることはない。本書の舞台は、中国の歴史が主に舞台にした、IIIとIVの区域。IIの区域は清朝を開いた満州族のふるさと、Vの区域は現代に入ってからゴムのプランテーションが展開したために原生林が破壊されているなど、それぞれ興味深い地域ではあるが、また別の機会に取り上げることにしたい。

タラの芽の文化論

森林から見た中国史を描くためには、まったく新しい視点から時代を区分する必要が出てくる。生態系のまとまりに基づく「文化」、そのまとまりを越える活動から生まれた「文明」、それら両者の共存と対立、統合と分裂を軸にして、私は歴史を捉えて行きたい。ここで用いられる「文化」「文明」とは何か、難しい話をする前に、小さな見聞を記すことにしよう。

醬油の産地として知られている千葉県の野田にある妻の実家は、毎年、春になるとささやかな興奮におおわれる。今年はタラの芽が出ているだろうか、去年のタラノキは大丈夫だろうか、とそわそわし始める。醬油樽の原料材を確保するために、スギが多く植林され、スギとスギのあいだの雑木に混じってタラが生える。最近はこの地も東京の通勤圏に入ったものとみえ、醬油関係の地主が代替わりするたびに林が売られ、宅地造成のためにブルドーザーが入り、タラの領域もめっきりと少なくなった。それでも醬油工場の近辺などにちらほらと、クヌギなどの高木の足下にひっそりと、棘で身をまもったタラノキを見つけることができる。

その季節になると、妻もしきりにタラの芽採りの思い出を語る。群馬出身の義父に連れられて、野田では「ヤマ」と呼ばれている林に分け入り、タラをいち早く見つけ、棘に引っかかれ傷だらけになって赤ん坊の握りしめた手のような芽を摘む。そのときには、けっして木の芽を取ったあとに出てくる二番芽を摘んではいけない。二番芽を摘むと、その木は以後けっして芽を出すことがない。木のために、残さなければならないと、きつく義父に教えられたという。

二番目まで摘み取られたタラノキは、そのまま葉を茂らせることもできず、枯れてしまう。しかし、世に山菜ブームなるものが始まったころから、よそから来た心ない人に、芽を取り尽くされることが多くなった。そこに住む人は、来年のためにタラノキを思いやる。外から来た人は、一つの林でタラがなくなったとしても、次の年は別の林に行けばよい。その差が、タラの芽の摘み方に現れる。

タラの芽をめぐる二つの態度から、植生と人間とのあいだの関係に二つの類型があることが明らかになる。一つは植生とともに生きる人間のあり方。自然から恵みを受けるときに、植生を破壊するような行動をすると、その報いは自分に戻ってくる。タラの芽を摘もうと林にはいり、前年に自分が芽を取り尽くした木が枯れていれば、自らの誤りに気づくであろう。世代を超えて、その地の植生から恵みを得ようとする人は、野生の植物や動物たちとのつきあい方を自然のなかで学び、その知恵を身をもって次の世代に引き継いで行く。一本のタラノキには、感謝の気持ちとともに芽を一つは残す。このような規則は文字として記録されることはまれで、多くの場合は人から人へと伝承されて行く。このような植生とのつきあい方を、本書では「文化」と呼ぶことにしたい。

もう一つの類型は、植生から一方向に利益だけを上げようとする人間のあり方。よそから来てタラの芽を摘もうとする人には、自分の行為のつけを自分が支払う必要はないので、残されたタラノキがどうなろうが気にとめることはない。タラノキをもし保護しようとすれば、入山規則を作って看板を立てて周知させ、ときには見回って違反者を処罰しなければならないだろう。

もしタラの芽をあらいざらい採るものを見かけ、そんな摘み方をしてはいけないと注意したとする。素直にいうことを聞くならば問題はないが、もし「お前にそんなことをいわれる筋合いではない」と居直られたらどうするか。林の地主に依頼されたというならば、所有権を支える法制度が整備されていなければならない。警察に突き出すとすれば、国家権力なるものに頼ることになる。規則を守らせるために権威や権力が必要となり、その根拠として文字が必要となる。このような必要から生まれたものを、「文明」と呼ぶことにしよう。

これまでの歴史学は、文字となった残されたものに依存してきたものだから、文明に荷担するものの見方を発達させ、文字にならない文化は未開なものとして低く見る傾向が強かった。文化として伝承されてきた知恵は、確かに保守的で時代が変化したときに対応できないこともある。しかし、植生とのつきあいのなかで知恵を生み出す方法は、いまでもかけがえのないものであろう。

生態系のあいだの交易

ヒトという生物は、さまざまに特徴づけられ、他の動物と区別されてきた。火を使うこと、言葉を用いること、道具を扱うこと、あるいは遊びをすることなど。ここで一つ付け加えたい特徴は、ヒトだけが交易をするということだ。

ヒトは気象条件の差異を衣服や家屋などの道具によって克服し、地球上のあらゆる地域・海域に展開し、それぞれの生態系のまとまりに対応した個性的な文化を形成してきた。問題はその先にある。ヒトは文化のあいだに物質流を造り上げ、自らが依存する地域・海域の物質流からは得られない物質を獲得してきた。ヒトのこのような生態系のまとまりを超えた物質のやり取りを、交易と呼ぼう。地球上の生物のなかで、このような交易を行っているものはヒトのみだ。

確かに渡り鳥なども生態系を超えて物質を移動させはする。しかし、ヒト以外の動物の場合は、みずからの身体とともに物質を運ぶために、越境したとたん移動先の生態系に包摂されてしまう。ところがヒトは身体の移動を伴わず、物質を越境させることができる。

通俗的な歴史観によれば、ヒトは原始的な状況では自給自足していて、交易など行わないとされる。文明が発達してはじめて交易が盛んになると見なされ、交易の度合いで文明の進み具合を測ろうとする考え方も出る。しかし、未開だと思われていた日本の縄文時代にも、黒曜石が産出地から遠く離れた遺跡で発掘されているところからみて、物資のやり取りがあったことは確かだ。ニューギニア高地、あるいはアマゾンの密林に住み、石器時代を生きていると見なされていた人々も、一つの部族から隣の部族へとリレー式に外界の産物を奥地まで流通させていたという。

ヒトは交易することで、生態系の拘束から自由となる。多様な生物をうちに含んだ生態系は、豊かなようで実は貧しい。無駄が何一つとしてない世界だからだ。一つの種が増殖すれば、すぐにその天敵が増えて数を制限する。生命が充満する世界は、また生命を窒息させる世界でもある。ヒトは、この豊かで貧しい生態系のなかから、特定の物質を選別して運び去り、外からもともとそこになかった物質を持ち込むことで、生態系を改変する力を得たのだ。文化は必ず交易の仕組みを含んでいる。

交易は文化にとって両義的なものだ。不足する物質を得る機会を与えて文化を強化する反面、異なる文化との交渉によって、物質をめぐる文化の仕組みが破壊され、域内の生態系の均衡を失調させる可能性がある。

文化間で交易を行いながらも内部の均衡が乱されないために、ヒトはさまざまな工夫を凝らした。沈黙交易として知られる慣習もその一つ。そこでは異なる文化の接点にある特定の空間に、片方の文化に属するヒトが物資を置いて去ると、他方の文化のヒトが現れて置き去りにされている物資に見合うと判断した物資を置き、また立ち去る。古くはヘロドトスが古代のカルタゴ人とリビア人との交易について、沈黙交易を発見し、また日本でも無言で行う交易があったという。

交易は生態系の仕組みに背馳しているために、交易の秩序は自律的には生成されず、人為的に維持される。沈黙交易やリレー式交易の場合は、文化の外側に交易を維持するための仕組みが用意され、交易に専従するものはいない。交易を専門的に扱うものが登場したとき、文明が生じる。交易における人為的な秩序は一つの力であり、交易の場において一定の規則に基づいて行動することを求める統制力であり、特定の文化に対して特定の物資を供出することを求める支配力である。これが文明の基盤だ。

多くの場合、文明の誕生とともに交易を専らにする商人が現れ、算術が必要となり記録を留めるために文字が創られる。交易の専門集団は生態系のまとまりから離れようとするために、人工的な居住空間、すなわち都市を建てる。もちろん文明の形態は一様ではない。中国の場合は孟子の言葉を引用すれば「夏をもって夷を変ずる」(中国的な秩序を受け入れる)ことが文明だった。

中国史の時代区分

中国で最初に文字が使われたのは、紀元前一六〇〇年ごろに華北に生まれた殷だったとされる。この王朝の前には伝説の帝王の禹がひらいた夏という王朝があったと『史記』などには記載され、夏の遺構ではないかとされる河南省の二里頭遺跡などの発掘地もないわけではないが、その時代に文字を用いたことを示す痕跡はない。殷の王朝は、その中心地の植生的なまとまりを越えて、遠方の物産を貢納として集めていたことは、殷墟で発掘された文物などからうかがい知ることができる。したがって、殷は中国、さらには東アジアの現在確認できる最初の文明だとすることができる。

文明は、異なる植生に依拠した複数の文化を包摂している。最近では殷は植生区分からするとⅢの地域に位置していながら、華中のⅣの地域との物的交流が盛んであったらしいことが指摘されている。さらに西方の、後に周という王朝を開く地域とも交流があった。殷の文明は、こうした異なる植生区域のあいだの物産のやりとりに規則を加え、秩序を維持していたと思われる。この仕組みは、殷から周の変革期に激変したと想像されるが、荒唐無稽な『封神演義』に描かれた動乱が実際はどのようなものであったか、まだ明らかになってはいないので、本書の記述はおもに周代以降とせざるを得ない。文明はその外部に位置する文化に影響を与え、周辺の文化の側も文明の中心に向かって働きかける。すると文明の仕組みは、新しい要素を加えなければならず、しだいに揺らぎはじめ、その揺らぎがある水準を超えると、文明の求心力が弱くなり、新しい文化を含み込んだ新たな文明の萌芽が生まれる。

その過程は同時代を生きた人々にはなかなか見通せないものであるから、試行錯誤の連続で混乱は長く、さまざまな仕組みの可能性が生まれては流血とともに消え去った。苦しみの中から新たに産み出された文明は、以前のものに比べると、より広範な生態系のまとまりを包摂することになる。しかし、その文明もやがてその周囲の生態系に対応した文化を担う人々の影響を受け、揺らぎはじめることが運命づけられていた。

中国の歴史を、このようなサイクルとして見るとどのような時代区分ができるだろうか。一つの文明が安定している段階を「合」、しだいに揺らぎはじめる段階を「散」、揺らぎのなかから新しい文明の可能性が複数生まれ、その可能性を担うもののあいだで対立し覇権が争われる段階を「離」、最後に一つの可能性が生き残り全体を統合する段階を「集」と呼ぶことにする。なんのことはない、四字熟語の「離合集散」を組み替えただけのこと。しかし、この「合散離集」で整理すると、宋代までの中国史はわかりやすくなる。

周が殷を引き継いで中原をまとめた時代を「合」とすると、春秋時代にその秩序が揺らいで「散」となり、戦国時代に黄土高原の東北部の趙、長江流域の楚などが周辺の文化を吸収しながら新しい枠

時代区分

	東アジア－ステージ			ユーラシア－ステージ
	第一段階	第二段階	第三段階	
合	周	後　漢	唐後期	
散	春　秋	三国/晋	五　代	元/明/清
離	戦　国	南北朝	北宋/南宋	↑
集	秦/前漢	隋/唐前期	元――――	――┘
	前 11c〜後 1c	後 1c〜8c なかば	8c〜13c	13c〜18c

組みを模索した「離」の段階を経て、最終的に秦の始皇帝が新しい文明の枠組みを築く「集」の段階にいたり、前漢の時代に新文明が完成されるまでの変化を、「合散離集」の第一段階ということになる。この過程のなかで、黄土高原と長江中流域が文明のなかに組み入れられた。

次いで、後漢から三国時代、魏晋南北朝を経て、隋・唐が再び諸地域を統合するまでが第二段階。後漢には、北では遊牧民が影響を及ぼし、南では東南山地の開発に取り組んでいた豪族が勃興し、王朝の仕組みが根底から揺らぎはじめる。三国時代には分散が決定的になり、魏は北方の草原の世界との関係のなかで新たな仕組みを模索し、呉は東南山地を包摂しようとした。四川盆地に依拠した蜀は、雲貴高原を制圧しようとしている。続く南北朝の時代には、北では草原の世界から生まれた北魏が遊牧の世界を中国文明のなかに組み込もうとし、南朝は東南山地の開発に専念した。南北それぞれが、新しい文明の仕組みを模索しつつ遠心力が作用していた時代だ。この草原と東南山地とを含み込んだ新たな文明は、北魏の時代から北方への守りの地とされた武川鎮の有力層が創り上げた。隋朝を開いた楊堅、唐朝を建てた李淵は、いずれも武川鎮の出身だ。

続く第三段階は、唐の王朝が安禄山の離反によって揺らぎはじめた時期に始まり、藩鎮の分立から五代十国にいたる「散」の状況を経て、北では遼・西夏・金が、南では宋ないし南宋が、それぞれ新しい秩序を構築しようと対立した「離」の時期までを含む。この段階では、ヨーロッパ世界に連なるモンゴルの草原、および東南アジアを経てインド・イスラム世界につながる海洋、この二つの領域が中国文明のなかに組み入れられようとした。

しかし、この第三段階は完結することなく、中国をめぐる情勢は激変する。モンゴル帝国がユーラシア全域にまたがる秩序を構築、中国はそのなかの一部に組み入れられる。中国文明が東アジアを舞台として繰り広げてきた自己拡大の過程はそこで終わる。

元朝の支配下で、中国の政治・社会・経済の仕組みは根底から変わった。宋代までの貨幣は、古代から連綿と受け継がれた銅銭が中心であったものが、元代以降は銀と銅銭の二重貨幣となる。中国を統一した帝国の首都も一時的に南京に置かれることもあったが、基本的には長安や洛陽・開封といった黄河流域の都市を離れ、元朝が建設した大都、つまり北京に定まる。北京は草原の道の終着点、そして大運河を経て江南、さらに海の道にいたる出発点だ。ユーラシア全域をめぐる交易の結節点として建設された都市でもあった。

モンゴルの勢力を一応は草原に押しやった明朝は、その王朝を包摂するより大きなユーラシアの仕組みに対する中国的な対応として生まれた政権だと見なすことができる。続く清朝はロシアとのあい

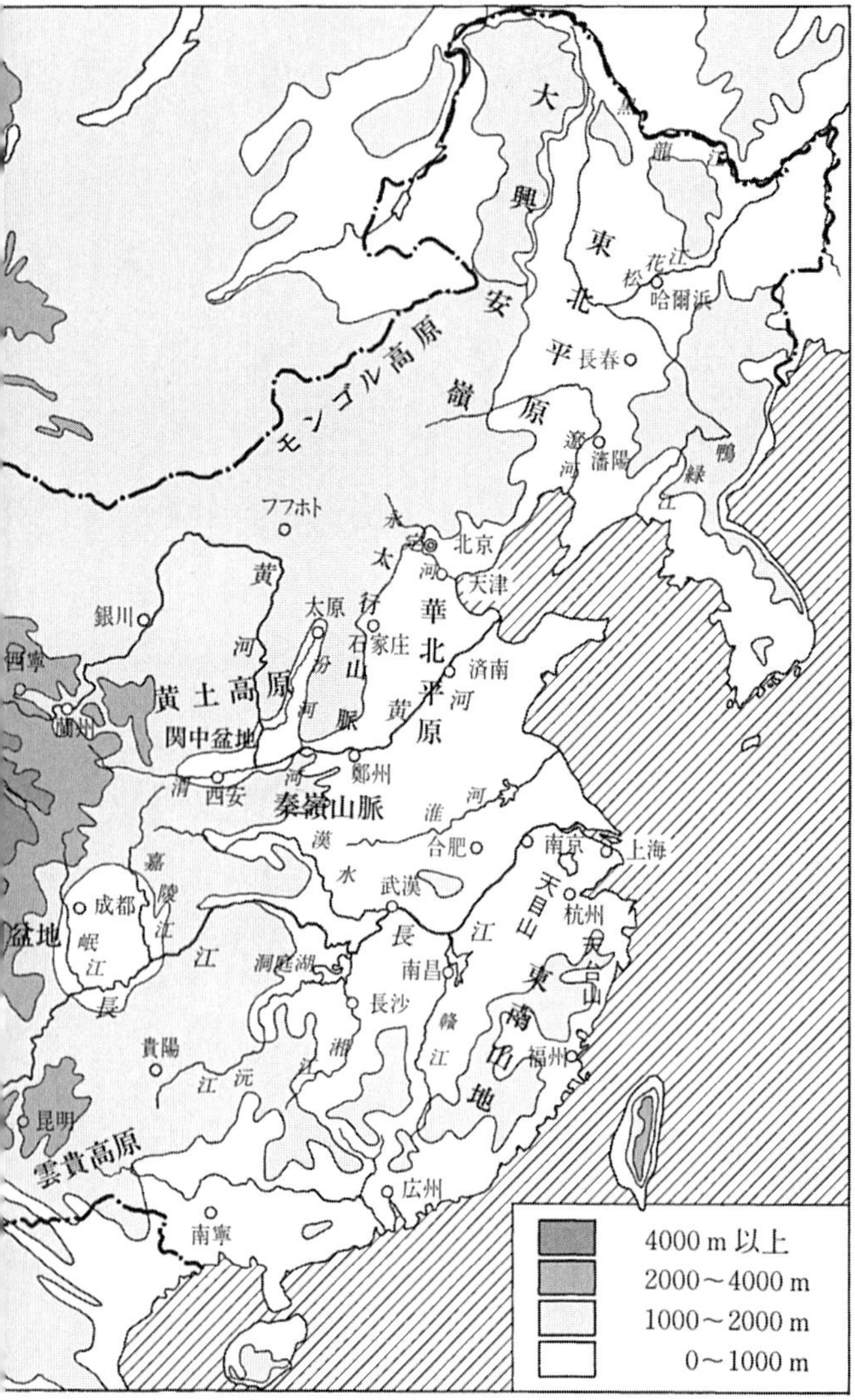
大興安嶺
東北平原
モンゴル高原
哈爾浜
松花江
黒龍江
長春
瀋陽
遼河
鴨緑江
フフホト
北京
天津
永定河
太行山脈
華北平原
太原
石家庄
済南
黄河
汾河
銀川
西寧
蘭州
黄土高原
関中盆地
西安
渭
鄭州
秦嶺山脈
淮河
漢水
合肥
南京
上海
天目山
杭州
天台山
成都
嘉陵江
岷江
盆地
武漢
洞庭湖
長江
南昌
長沙
湘江
贛江
東南丘陵
福州
貴陽
沅江
昆明
雲貴高原
広州
南寧
4000 m 以上
2000～4000 m
1000～2000 m
0～1000 m

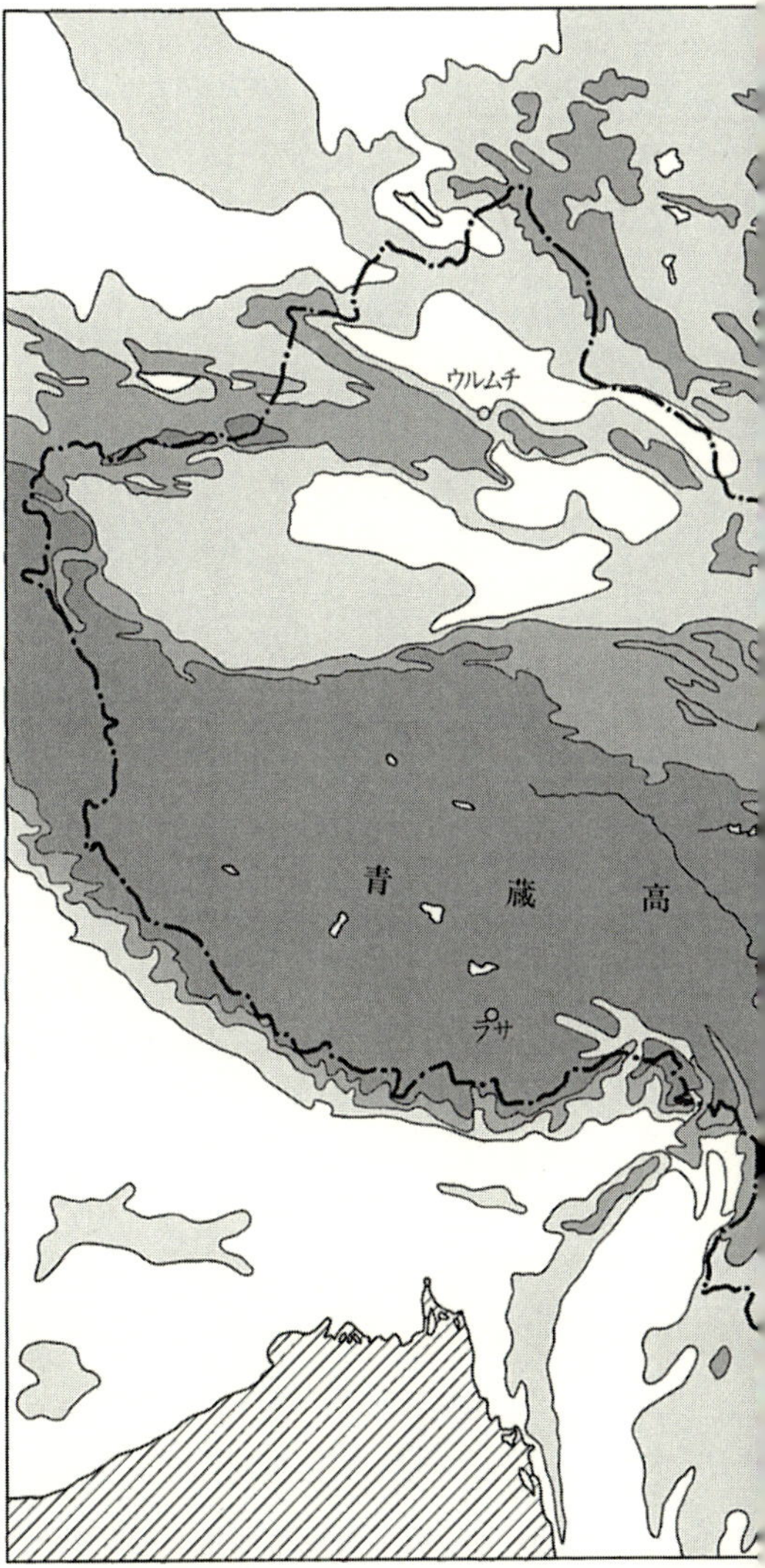

地形概略図

だに国境を定める条約を結んだ。ロシアも明朝と同様、モンゴル帝国へのスラブ的な対応として生まれた政権だった。いずれも、モンゴル帝国が開いたユーラシアという地平のなかで形成されたのだ。

元代以降の中国史は、ユーラシア全域の一〇〇年を単位とする景気変動のなかで展開することとなる。西洋人が「タタールの平和」と呼んだ十三世紀後半から十四世紀前半までは、東西の交流と人の往来が盛んとなり、経済が繁栄した。続く十五世紀なかばまでの一〇〇年は、モンゴル帝国が生み出したユーラシアという広がりに対して、それぞれの世界が個性的な対応を模索する時代で、ヨーロッパではイタリアを中心とするルネサンスが花開き、西アジアではティムール帝国とオスマン帝国、インドではデリーに都をおいたイスラム諸王朝、そして中国では明朝が、それぞれの文明の仕組みを模索した。経済的な繁栄は局地的なものにとどまった。

十六世紀は銀を交換手段とする交易が全盛を極めた時代。日本から大量の銀が交易に供給され、次いでスペイン人の手を経たアメリカ大陸の銀も、交易に用いられた。中国においては明朝の後半に相当する時代で、江南の蘇州を中心に手工業と商業とが栄えた。続く十七世紀は、貴金属に頼らない交易の仕組みを模索した時代。ユーラシアの景気は下降曲線を描く。中国では明から清への移行期とも重なり、経済はデフレ現象を示す。そして十八世紀、ユーラシアは産業化の時代を迎えることとなる。

本書では、こうした時代区分に基づいて筆を進めて行く。最初に第一段階で長江流域が文明に組み込まれて行くプロセスを見ることになるだろう。続いて同じく第一段階で黄土高原をめぐる変容を整理する。最後に第二段階において東南山地が組み込まれる過程に、簡単に言及することになるだろう。

I　長江流域

第一章　文　化

歌が持つ力

長江の支流の一つ沅江は、流れをさかのぼると、清水江と名を改める。その水源にほど近いところに、貴州省の凱里という名の街があり、香炉山という名の、乳房のような形をした丘陵を望むことができる。ふくよかな山稜の上に乳首のように岩頭が突出していて、一度見たら忘れることはない。旧暦六月十九日、「爬山節」と呼ばれる祭が行われ、ミャオ族の若い男女が結婚の相手を見いだすために、この山に登り、歌い、恋を語る。私は、中国留学中の最後の旅行として、一九八五年にその祭に合わせて、その地に赴いたことがある。

祭の当日、香炉山の山腹に広がるトウモロコシ畑のなかを歩いた。太陽の光は地上のあらゆる物体の色を白濁させ、空気はそよとも動かない。汗みずくになるころ、ようやく巨大な岩峰の足元にたどりつく。ミャオ族の人に案内されて、岩を巻くように進んでいくと、ただ一筋の登山道が刻まれている。急な石段を登りつめると、すでに遠近の村々から集まってきた人々で、ごったがえしていた。

陽がやや傾き始めた三時ごろから、男女のグループから歌声が立ち上ってきた。娘たちが三、四人ずつ日傘をさして並んでいると、その後ろか横に男の子たちがやはり三人、四人と組を作って立つ。男女はそれぞれグループをつくってはいるが、思いを寄せ合っているのは一対の男女だけで、それ以外はそれぞれの友人だという。男の子は裏声で「すてきな娘さん」と歌い、どこの村から来たのと尋ねる。男の子たちが歌い終わっても、娘たちはすぐには歌を返さない。視線を男の子に向けるようなこともしない。じらしているのか、返歌を考えているのか、長いときが経つ。そして、やおら歌い始

香炉山．爬山節の祭に向かう村人たち．麦藁帽子をかぶった青年が手にしているものは芦笙．ミャオ族の祭には欠かせない楽器だ．岩峰の周囲は一面のトウモロコシ畑．これは近百年くらいに形成された景観だと思われる．
(撮影：筆者，1985 年)

めるのだ。

その夜のこと、宿にしていた招待所の食堂で、そこで働いていたミャオ族の十七歳の女の子に、日本語を教えてくれと頼まれた。食堂での仕事が終わったころ、中庭で待ち合わせて、その子が持ってきた初級日本語のテキストを朗読してあげたときまでは、普通だった。

「わたし、「昴」の曲が好きなの。日本語の歌詞を教えて」とねだられ、三度ばかり繰り返し歌ったころから、その子の様子が変化した。散歩しましょう、と誘われて歩いていくと、宿舎の敷地に隣接する常緑広葉樹の林を抜けて、トウモロコシ畑に出た。促されて腰を下ろすと、暑気を失った風にゆらぐ穂を透かして、天には寝待月が見える。どうしてこんなことになったのだろう、と私は混乱していた。

「わたしの村の若い衆のなかには、あなたの歌より上手い人もいるけど、あなたの歌もいいわ。結婚して最初の三ヶ月ぐらいは日本のあなたのお母さんのもとで過ごしてもいいから、それからあとはわたしの村で暮らしましょう」と、いつの間にか、結婚することになっていた。あとで文化人類学の研究者から、その地域のミャオ族には、結婚してから数ヶ月間、妻が夫側の家で過ごしたあと、妻方居住に移るという慣習があると聞いた。十七歳の少女にとって、日本も江《かわ》を隔てた一つの村ぐらいのものに思えたのだろうか。

結局、私は祭が終わると、逃げるように凱里を立ち去った。マイクロバスが招待所を出たとき、結婚の申し出を断られたその女の子が鬱蒼と茂る林の陰に立っているのを見つけた。歌は容易に文化の差異を飛び越えることができること、そして歌垣の時期に、女の子の前で歌をうたってはいけないのだということを、私はそのとき痛感した。

南に喬木あり

「南」。漢字学の第一人者の白川静氏によれば、この漢字は銅鼓をかたどっているという。上の「十」は青銅製の太鼓を枠につるす部位を表し、下の部分は浮き彫りが施された太鼓の本体を示す。さらに「ナン」という発音は、銅鼓をたたいたときの余韻を含んだ響きを写しているともいう。漢字を生み出した華北に住む人々にとって、「南」とは青銅製の太鼓を中心に生活する異境の民の住まう土地であった。

　中国の貴州・雲南省からヴェトナムにかけて住んでいるミャオ族などの少数民族は、直径一メートルを超える銅鼓を儀礼の中心に据える習俗を現在に伝えている。春になると前年の秋に地中に埋めた銅鼓を掘り出し、祭祀を行って生命の再生を促す。漢字が作られた紀元前十数世紀のころ、南の森に住んでいた人々は、おそらくこうした少数民族の祖先だろうと考えられている。

「南」の甲骨・金文文字.（白川静『字統』平凡社，1984年より）

　紀元前七世紀ごろ、いまからざっと三千

年ほどまえの周の時代に人々にとって欠かせないものが歌謡だった。白川静氏の説によると、「歌」は古くは「訶」と表記されており、この字は「言＋可」、「可」は祝詞を入れる器を示す「口」と、木の枝を示す「丁」という記号を合成したものだとされる。木の枝を手にして器の前で神々にうったえかける儀礼が行われ、そのときに発せられる言葉には抑揚とリズムがつけられ、日常の言葉とは区別されていた。それが「訶」であり、のちの歌謡という形式の起源となったと考えられる。

こうして生まれた歌謡は、周の王室や各地の諸侯の宮廷に所属していた楽師たちが、何世代にもわたって口づたえに伝え、前二世紀ごろ前漢の初めにテクストとして文字に写し取られ、現在、私たちも読むことができる『詩経』としてまとめられた。この『詩経』「国風」の「周南」のなかに「漢広」という表題の歌が収められている。

南有喬木　　南に喬木あり
不可休思　　休むべからず
漢有游女　　漢に游女あり
不可求思　　求むべからず
漢之広矣　　漢の広き
不可泳思　　泳ぐべからず
江之永矣　　江の永き

不可方思　方《いかだ》すべからず

古来、中国ではこの「漢広」を周の道徳を讃える詩だと解釈していた。つまり、周の文明が南方にも及んだので、南方の野蛮な青年たちも高い木の根本に日陰があっても、たむろして休んだりしなくなり、川で女の子たちが遊んでいても、ナンパなどしなくなったのだ、というのだ。なんとも堅苦しい解釈だ。

こうした道学者風の解釈のことを、「美刺」という。つまり、昔の政治や道徳の善し悪しを、美化したり風刺したりするために、孔子が『詩経』を編集したと考える。本当にそうなのだろうか。中国でも御都合主義的な解釈に疑問を持つ人もおり、たとえば朱子などは、『詩経』には淫らなものも含まれている、と指摘している。

しかし、本格的に新しい視点から解釈しようとしたのは、グラネというフランス人の東洋学研究者だった。彼が生きていたのは、フランスがヴェトナムなどに植民地を持っていた時代で、インドシナ半島に住むさまざまな民族の風俗習慣に関する知見が、調査によって明らかになりつつあった。グラネはこうした報告書をヒントに、『詩経』の詩は、青年男女が掛け合っていた恋の歌、大地に根ざした祭礼で神々に捧げられた歌などから生まれたものだと考えた。

グラネの影響を受けて、白川静氏は日本の『万葉集』を手がかりにして、『詩経』を読む。そのために解釈が、どうしても日本的になるように思われる。「漢広」も、「みんなみの神の高杉」のもとで繰り広げられる、川の女神の祭礼を歌ったものだと述べている(白川静『詩経国風』〈東洋文庫五一八〉平凡社、一九九〇年)。

「漢広」と植生

『詩経』におさめられた「漢広」を読むときに、思い込みを捨てることが必要だ。当時、この詩が生まれたときの環境を考えるところから始めてみたい。

この詩を歌った人は、おそらく周の人々であったと思われる。彼らは黄河流域に住み、彼らが見ていた森林には、乾燥のために秋になると葉を落とすアベマキやナラカシワ、チョウセンヤマナラシなどの木々が茂っていた。先に掲げた中国植生区画図ではⅢとされている地域だ。一方、詩の舞台は黄河流域よりも遥か南方の、秦嶺山脈を越えた彼方に流れる漢水のほとり、もっと範囲を狭めるならば「漢」すなわち漢水と、「江」すなわち揚子江とが合流する現在の武漢あたりということになる。そこで茂っていた森は、雨が多いためにタブノキ、アラカシなどが自生する照葉樹林(常緑広葉樹林)であったと考えられる。植生区画図でⅣと色分けされている範囲になる。

この詩を理解する上で一つの鍵となる点は、歌った人と歌われた場所とのあいだに、植生の相違があるということだ。

落葉広葉樹林に慣れ親しんでいる人が、照葉樹林に向かい合ったらどのような印象を得るだろう。落葉広葉樹の葉は、いわば使い捨て。だから、葉の造りも薄く、光線を透過させる。森のなかは緑色の淡い光で満たされている。他方、照葉樹林はどうだろうか。「照葉樹」という字面だけを見ると、なにかきらきらとして明るいイメージを持つかも知れない。しかし、実際に照葉樹林のなかに足を踏み入れるなら、昼なお暗い湿気の多い森だということに気づくだろう。常緑広葉樹は、一年を通じて光合成を行う葉を持つ。そのために落葉樹よりも葉は厚く、その表面をクチクラ層が覆い、風雨に耐えるように作られている。光線は葉の表面で反射され、確かに森の外からながめるならば照り輝いて見えるのだが、林床には光が届かない。

詩の冒頭、「南に喬木あり、休むべからず」とあるのは、周の人々には見慣れないモコモコと鬱蒼した照葉樹林、そのなかに足を踏み入れると昼でも闇が支配するジットリと湿潤な林床、遠目に見れば森を突き抜けて高木がそびえているが、とてもその根本で休む気にはなれない、こんな情景なのではないか。

眼差しの交差

照葉樹林で生活していたのは南方の民族、現在のミャオ族の祖先で、文化も言葉も異なっていたはず。「漢に游女あり、求むべからず」とあるのは、漢水のほとりで見かけた娘たちも、異境の民であり、それゆえに、笑いさざめく娘の姿に見とれはするが、声を掛ける勇気は出ないということだったと解釈できる。

しかし、異なりはするけれど、敵意を抱いていたわけではない。周の人々は、むしろ南を憧憬していたと思われる。そこで「漢の広き、泳ぐべからず、江の永き、方《いかだ》すべからず」と、たどり着けない地への思いを歌う。

『詩経』の「漢広」の二番・三番では、次のように歌われている。

2
翹翹錯薪　翹翹《ぎょうぎょう》たる錯薪
言刈其楚　ここにその楚を刈る
之子于帰　この子ここに帰す
言秣其馬　ここにその馬の秣《まぐさ》する
漢之広矣　漢の広き
不可泳思　泳ぐべからず
江之永矣　江の永き
不可方思　方《いかだ》すべからず

3
翹翹錯薪　翹翹たる錯薪
言刈其蔞　ここにその蔞《る》を刈る
之子于帰　この子ここに帰す
言秣其駒　ここにその駒の秣する
（以下、くりかえし）

さて、「翹翹」とあるのは、木の枝が鳥が羽を高くさし上げたように、上に向かって伸びてゆく様子を示す。樹木を断ち切った後に、切り口のあたり、あるいは根本からいっせいに茂るひこばえだったと思われる。「楚」とはその柔らかい当年枝のこと、三番にある「蔞」とは、その細い枝のこと。

ここで、深読みしてみよう。

この詩が歌われたのは、開拓村だったのではないか。周の地、すなわち黄河流域から漢水流域に移り住み、照葉樹林を開墾している現場では、伐り倒した大木から、無数のひこばえが生えていたはず。この村に、さらに南方の異境の民の娘が嫁いで来る。その娘を乗せる馬に、ひこばえの柔らかい葉をまぐさとして与えるという。

黄河流域で生まれた農耕文明は、森林を焼き払って更地とし、人手をかけて雑草を抜き、家畜の糞や人糞を肥料として投入することで、永続的な耕地利用を行った。この文明が南方に広がるときに、移住と現地の女性との婚姻が行われた。「漢広」をこうした歴史の一齣として読むことも可能だろう。

楚の文化

中国の起源について、いまホットな議論が行われている。以前は、黄河文明が唯一の中華文明の来源だとされていた。しかし、学術界では従来の中華文明単系説に対して、中華文明複系説が出されている。その考え方によれば、中国の文明を黄河文明から発達したものではなく、異なるいくつかの文化が複合したものだと捉えている。

こうした動きは、近年の活発な考古学の発掘が新しい成果を挙げているところから生まれているが、単にそれだけではない。北京中心の一極集中的な政治体制が、八〇年代以降の改革開放政策のなかで弛み、経済的な実力を蓄えた華南の各地域が、それぞれ独自に文化的な主張を行うようになったことも、一つの社会的背景として見落とすことはできない。華南の独自な文明に関する多くの書籍が出版されているのも、こうした出版事業にお金を出せる状況があるからだ。

黄河文明の対抗馬として、注目を集めているものが、「楚」の文化。楚の国は、中国の春秋戦国時代の南方の強国として知られている。近年の考古学上の発見などからも、その文化が中原のものとは異なることが明らかになってきた。黄河文明が畑作を中心にしていたのに対して、楚文明は水田耕作を基盤にしていたと対比され、さらに黄河文明が乾燥地の文明であるのに対して、楚文明は湿潤・温暖な気候のもとで繁る森林の文化である、と比較される。その個性は、物質的な文化に限らない。黄河文明が甲骨を用いた占いを重んじたのに対して、楚文明では〈巫〉と表記される霊能者の存在が大きかったともいわれる。また、漆器など、その地の豊富な森林資源に支えられた遺物が多いことでも、楚文化は特色づけられている。文学のなかにもその個性を見ることができる。

文学で言えば、黄河文明が『詩経』を生み出したのに対して、楚文明は『楚辞』を生んだ。中国といえば詩歌の国というイメージがあろう。しかし『詩経』が生まれた周の時代から、およそ二〇〇年あまり、詩として伝えられているものはない。詩歌が作られなかったのではないだろうが、外交と戦争に明け暮れた時代に、詩歌を書きとどめる気持ちのゆとりがなかったのかも知れない。空白の時代を経た戦国の末、紀元前三〇〇年ごろ、長江の中流域を本拠とする楚の国で、新しい詩のスタイルが生まれる。これが『楚辞』だ。

山鬼

『楚辞』といえば屈原といわれる。しかし、『楚辞』に収められている作品をみると、とても一人の人物が創作したものとは思われない。「離騒」などの数編は、あるいは屈原の作品だとしても、たとえば「九歌」としてまとめられている諸篇は、個人の心情を綴ったものというよりも、楚の国で行われていた儀礼のなかで歌われていた祝詞のようなものではなかったかと考えられる。

「九歌」には全部で一一篇の歌が収められている。その名は、

東皇太一
雲中君
湘君
湘夫人
大司命
少司命
東君

河伯
山鬼
国殤
礼魂

なぜ一一篇なのに「九歌」なのか。定説はないが、そのなかの「湘君」と「湘夫人」、「大司命」と「少司命」とがそれぞれセットとして一篇と数えられているとも考えられる。

この『楚辞』には植物が数多く登場するが、なかでも「山鬼」という表題が付されたものは興味深い。たとえば「山鬼」の冒頭には、次のようにある(解釈は藤野岩友『楚辞』集英社、一九六七年を参照した)。

若有人兮山之阿　　山のくまに人有るがごとし
被薜荔兮帯女蘿　　薜荔《へいれい》をきて女蘿《じょら》を帯とす

詩の形式を見ると、各句は「○○○兮○○○」という形をとっている。「兮」は『楚辞』や『楚辞』から発達した「賦」と呼ばれる韻文に共通してみられるもので、「アー」と発音した。字を分解すると「八」は口を大きく開けた様子を、「丂」は息が勢いよく出る様子をそれぞれ表し、腹の底から朗々と歌い上げる箇所を示す。この形式に基づく歌が「四面楚歌」の故事に登場する「楚歌」ということになる。

さて、「山鬼」の冒頭を現代語訳してみよう。「山の隈に誰やら人がいるらしい。ツルマサキなどの蔓植物を衣として身にまとい、地衣類の植物を帯とする」となる。

「薜茘」はツルマサキやテイカカズラを指していると思われる。ツルマサキは山地の樹林に見られるニシキギ科の常緑の蔓性の植物。日本でも低い山を歩くと、気根を出して立木に絡ませてよじのぼっているツルマサキをしばしば見かける。葉は濃い緑色でテカテカと光り、立木の幹を艶めかしく彩っている。テイカカズラも同じく常緑の蔓植物。こちらはキョウチクトウ科。若い葉はツルマサキとよく似ているが、枝を折ってみると簡単に見分けられる。折口から白い乳液を出したら、テイカカズラ。その花は白く、初夏に巻き付いた樹木の上で一斉に咲いた様子は見事で、息を呑む。

山鬼はこうした森林の植物を身にまとった姿で、歌に登場する。山鬼とは何か。さまざまな説がある。山に住まう女神なのではないか、山の神に対する祭祀を行う巫女なのではないか、といった穏当な説。あるいは、「野人」つまり雪男のような未確認の霊長類ではないかといった、少しギョッとする説もある。こうしてさまざまな説が出るのも、歌のなかに山鬼の異様な姿が鮮烈なイメージとともに描かれているからだろう。ツタが大木にからみ、地衣類が太い幹や枝から垂れ下がっている、こんな鬱蒼とした常緑の森林を、山鬼の姿を介して思い描くことができる。森のなかに足を踏み入れたものでなければ、このような強烈な表現をすることはできない。この点で、森のなかに足を入れず、森の外側から森を眺めていた『詩経』の作品とは、大きく異なる。

冒頭の句に続いて、つぎのように歌は展開する。

既含睇兮又宜笑　すでに睇《てい》を含みてまた笑うによろし
子慕予兮善窈窕　子は予がよく窈窕《ようちょう》たるを慕う
乗赤豹兮従文貍　赤い豹に乗りて文貍《ぶんり》を従え
辛夷車兮結桂旗　辛夷の車に桂の旗を結び
被石蘭兮帯杜衡　石蘭をきて杜衡を帯とし
折芳馨兮遺所思　芳馨を折り思うところを遺さんとす

現代語訳するならば、「(山鬼は)流し目に思いをこめ、口元に笑みを漂わせている。(山鬼は声をかける)「あなたは私が艶めかしいのを慕っていますね」と。(山鬼は)赤いヒョウに乗り、まだら毛のヤマネコを従えて、コブシの車にニッケイの旗を結びつけている。ランを身につけカンアオイを帯とし、かおる花を折り採って、思う人に送ろうとする」となるだろう。

ここまで読んでくると、山鬼はどうも女性と思われ、山の深い森のなかに住み、人間の男性とのあいだに情のやりとりがあることが分かってくる。山鬼は日本の「山の神」のような山林の神なのか、あるいは森林の神々と山麓に住む人々とのあいだを取り持つ巫女だったのか。ただはっきりとしていることは、蔓を幹に巻き付け、枝からは地衣類を垂らした樹木が茂る森、ヒョウやヤマネコが生息する森に対する鮮烈なイメージを、この歌を生み出した人々が共有していたことだ。

離　騒

植物との密接な関係は、『楚辞』のなかの巨編「離騒」にも見られる。戦国時代の後半、かつては南の大国として中原にも影響力をもっていた楚の国は、秦の圧迫を受けて衰退に向かっていた。楚の王族であった屈原は、懐王に仕えて秦に対抗する外交を進めたものの、国内の日和見派のために失脚。屈原は祖国の滅亡を予感しつつ、その心情を吐露した作品として「離騒」を著したとされる。

その冒頭で自らの生い立ちを語るのだが、そこにも多くの植物が現れる。

紛吾既有此内美兮　紛として吾すでにこの内美あり
又重之以脩能　またこれに重ぬるに脩能をもってす
扈江離与辟芷兮　江離と辟芷《へきし》とをかぶり
紉秋蘭以為佩　秋蘭をつないで以て佩《はい》となす

ここに見られる江離、辟芷、秋蘭はいずれも香り高い草花。自分に備わった美徳を、こうした香草にたとえていると解釈されてきた。こうした比喩が、楚の人々のイメージを喚起する力を持っていたことに注意を向ける必要があるだろう。自らの装いを述べるところでは、「山鬼」にも登場した薜茘

（ツルマサキやテイカカズラ）や菌桂（ニッケイ）などを身にまとっていると記されている。植物と共に生きる、それが楚の人々の生活であったのではないか。

なかでも「椒」（サンショウ）は繰り返し現れ、象徴性が強いように思われる。屈原が王に受け入れられず身を引こうかと考え始めるあたりで、次のような表現が見られる。

歩余馬於蘭皐兮　　余が馬を蘭皐に歩ませ
馳椒丘且焉止息　　椒丘に馳せてしばらく止息す

「椒丘」には高い岡だという見解もあるが、文字通りに解釈すれば、「ランの生える湿地に馬を歩ませ、サンショウの茂る丘に馬を馳せてしばらく休もう」となる。また、屈原は身の処し方に悩み、いにしえの神巫の巫咸《ふかん》を呼び出そうとする。

欲従霊氛之吉占兮　　霊氛《れいふん》の吉占に従わんと欲すれども
心猶予而狐疑　　心は猶予して狐疑す
巫咸将夕降兮　　巫咸はまさに夕べに降らんとす
懐椒糈而要之　　椒糈《しょ》をいだきてこれをむかえん

ここの四行目に「サンショウの実と脱穀したコメとを懐く」とあるところから、神との交流を行う場に赴くには、香りの高いサンショウを身につけ、やはり邪気を祓う力があると信じられていた精米を帯びていくことが必要とされたことが分かる。

「椒」は日本で広くみられるもの(Zanthoxylum piperitum)とは異なり、カホクザンショウ(Z. bungeanum)だと思われる。その実は香りが強く、巫が神を降ろす儀式のなかで身を清めるために用いられたと考えられる。楚の人々は、一つの決断を下そうと居住まいをただそうとするとき、サンショウの香りを用いたのではないか。時代は下るが、中国では元旦にサンショウを調合した酒を神に献じたあと、家族で飲むという風習があった。日本のお屠蘇の源流になる風俗で、あるいは楚の風俗の名残であったとも考えられる。

湘君・湘夫人

楚の国の中心地に近く、鬱蒼とした照葉樹の森に覆われた山が洞庭湖と呼ばれる中国第一の湖にその影を映していた。その山のふもとには、水神として人々の信仰を集めた湘君と湘夫人とが祭られていた。ふた柱の神々の来歴については、諸説がある。湘君・湘夫人とも伝説の帝王の堯の娘、そして舜の夫人であり、姉は正妃であったので湘君、妹は次妃だったので湘夫人と呼ばれるようになったという説が、一般に受け入れられている。『楚辞』の「九歌」には、その女神たちに対する歌が収められている。

水を司る神であったことは、たとえば「湘君」に

沛吾乗兮桂舟　　沛《はい》として吾、桂の舟に乗り
令沅湘兮無波　　沅と湘とをして波を無からしめ
使江水兮安流　　江水をして安らかに流れしめん

とあるところからも窺い知ることができる。沅は貴州の山間に源を発し、洞庭湖に注ぐ河川の名。上流の名は、清水江という。湘もまた河川の名で、広西に発して北に流れ、神農が埋葬されたと伝えられる零陵を経て長沙に至って洞庭湖に注ぐ。湘君は、洞庭湖周辺の諸水および長江の水面を、人々の願いを聞き入れて鎮める神だった。

湘君が乗る舟には、やはり香り高い樹木が用いられた。

駕飛竜兮北征　　飛竜に駕して北にゆき
邅吾道兮洞庭　　吾は邅《めぐ》って洞庭に道し
薜茘拍兮蕙綢　　薜茘《へいれい》は拍として蕙《けい》もてつかね
蓀橈兮蘭旌　　蓀《そん》の橈《かい》に蘭の旌《はた》

とあるように女神渡御のおりには、おそらく竜の頭を舳先に付け、ツルマサキなどの常緑のツタを帳《とばり》として絡ませ、香り草で飾られた櫂を漕ぎ、ランの花を旗のようになびかせたのではないか。やはり照葉樹林のなかの植物に彩られた神の姿を、ここでも目にすることができる。

「湘夫人」には、この女神がおわす社について具体的な描写がある。長くはなるが引用しておこう。

築室兮水中　　水中に室を築き
葺之兮荷蓋　　これを葺《ふ》くに荷蓋をもってす
蓀壁兮紫壇　　蓀の壁に紫の壇
匊芳椒兮成堂　　芳椒をしきて堂を成し
桂棟兮蘭橑　　桂の棟に蘭の橑《りょう》
辛夷楣兮葯房　　辛夷の楣《び》に葯の房
罔薜荔兮為帷　　薜荔をむすんで帷となし
擗蕙櫋兮既張　　蕙《けい》をつんざいてつらねて既に張り
白玉兮為鎮　　白玉を鎮となし
疏石蘭兮為芳　　石蘭をしきて芳となし
芷葺兮荷屋　　芷もて荷屋を葺き
繚之兮杜衡　　これに杜衡をまとう

合百草兮実庭　　百草を合わせて庭に実たし
建芳馨兮廡門　　芳馨を廡《ぶ》門に建てる

これを藤野岩友氏の解釈に従いつつ現代語訳すると、次のようになる。「女神のおわす部屋を湖面に張り出して築く。その屋根はハスの葉で葺き、香り草の壁に紫の壇、香ばしいサンショウの実を敷きつめて奥座敷をこしらえ、ニッケイの棟木にランの垂木、コブシの木でつくられた戸口の梁、ヨロイグサの葉の脇部屋、ツルマサキを結んで帳とし、香り高い草を裂いて連ねて座席を張り、石蘭を敷きならべて香りを立て、ヨロイグサでハスの葉の屋根に上葺きをし、その上を杜衡でしっかりとまといつけた。あらゆる香り草を集めて前庭いっぱいに満し、芳しい花を庇の前に積み重ねよう」。

ここでも多種多様な植物に満たされた社の様子を、想い描くことができる。サンショウの鮮烈な香り、花々の芳醇な匂いが漂っていたに違いない。

草木の名が持つ力

授業のネタを探して本屋で立ち読みをすることがある。先日は俳句コーナーで『歳時記』を眺めていたら、室生犀星の作品と出会った。

乳吐いてたんぽぽの茎折れにけり

歌や詩のなかに含まれる草木の名が、思いもかけず一つの光景や匂い、ときには暑いとか痛いとかいう体感までも、ありありと呼び起こすことがある。そのときも「たんぽぽ」という言葉が目に飛び込んできた瞬間に、日だまりの暖かさが背中に感じられたように思われて、書棚の前で立ちつくしてしまった。

そういえば、私が最初に見分けられるようになった野外の植物が、このタンポポだったのではないだろうか。あれはどこだったのだろう。小学校に入学するころ、父の勤めの関係で一年あまり兵庫の夙川に住んだことがあった。家から散歩にちょうど手頃な川辺の土手に、タンポポがここかしこに群れるように咲いていたことを覚えている。茎を折ると中空の断面から、白い液がしみ出てくる。面白がって次々と手折っていたら、母にたしなめられたのではなかったか。

その日の授業で、学生に最初に見知った植物のことを尋ねてみた。一〇人のうちタンポポを挙げたのが三人、ススキと答えたのが二人。ドクダミとオオバコの二つだと答えた学生、シラカバ、ユリ、それにドングリのなる木というのが一人ずつ。最後の一人は、はっきりと覚えてはいないとの答え。統計とはとても言えない数値だが、日本人にとってタンポポがなじむ機会の多い植物だとはいえるだろう。「近所にタンポポ畑と呼ばれる広場があって、友だちとよく遊びに行っていた」(東京都保谷市出身)、「絮《わた》を飛ばした。空き地。そこらじゅう空き地だった。いまは全部ビルやマンションになってしまった」(神奈川県川崎市出身)とも学生は語ってくれた。

植物の名は、さまざまな思い出を呼び起こしてくれるものらしい。家の前の駐車場に生えていたドクダミの匂い、保育園をいっしょに抜け出してオオバコで綱引きをした遊び友だちの顔、背丈よりも高いススキの「林」のなかで道に迷ったときの心細さ、初めて見知った植物は鮮明な記憶とともに脳裏に刻まれている。植物が記憶を場所に結びつけ、四季折々の装いで記憶に時間を刻み込む。だから一つの草木の名が季節と風景を呼び起こす。俳句の季語に植物にまつわるものが多いのも、こうした植物の名の力を借りようとするからだろう。俳諧はたった一七字だ。

統計にならない数値を挙げた勢いで、『詩経』の「国風」、『楚辞』の「九歌」、比較のために『唐詩選』の詩篇のなかに、それぞれどれほどの植物名が登場するのかを調べてみた。詩の一行は一つのイメージを示すものと見なし、題名を除いて全体で何行あるのか、そのなかに植物名はいくつ含まれるのかを次に掲げる。栽培植物と野生植物とは区別しない。一つの詩に同じ名が繰り返し現れても、それぞれ数え上げることにした。

華北が舞台となる『詩経』「国風」は全体で二六二〇行、植物名は二五五件、平均すると一〇行に一つ植物名が登場する計算になる。どのような植物なのかは、のちに検討することにしよう。一方、『楚辞』「九歌」の場合は、全体で二五五行、植物名は五四件となり、五行ごとに一つ植物名が現れることになる。

『唐詩選』と植物の関係はどうなるだろうか。骨を折って数えてみると、三四〇四行のなかに植物名は二一六件、平均一六行に一つだった。唐代には大量の詩が生み出された。明代後期に幅広い社会層で詩をひねることが流行すると、手本となる唐代の詩のすべてに目を通すのは大変だ。そこで簡便な手引き書として編纂されたものが『唐詩選』。ここに見られる趣味は、明代のものだとも考えられる。この数値を見ると、『詩経』「国風」や『楚辞』「九歌」に収められた歌に力があるとすれば、それは植物が喚起する力に大きく依っていることになろう。他方、『唐詩選』では植物の姿が薄くなり、しかも種類も松柏、桃李、楊柳という決まりきった組み合わせが大半を占めるようになる。

植物の名が歌の聴き手、詩の読み手にイメージを喚起できるのは、人々のあいだにその植物にまつわる共通の体験があるからだろう。同じ植物を経験するためには、同じ植生区域のなかで生活していることが必要だ。植物が喚起するイメージは、本書の用語を使うと「文化」ということになる。ところが中国では「文明」の展開とともに、多様な植生区域を包摂するようになる。こうなると特定の植物の名が読者の多数にイメージを呼び起こせると無邪気に前提とするわけにはゆかなくなる。たとえば、先に掲げた植生区域図でⅣと示される湿潤温暖な常緑広葉樹林帯(照葉樹林帯)ではどこにでも見られる植物が、乾燥が制限条件となったⅢの落葉広葉樹林帯では生えていないということが十分に考えられる。こうして植物に対する関心は、文明の進展とともに摩滅していくのではないだろうか。

タンポポというと、私にはもう一つ思い出がある。中国の南京大学に留学していたとき、留学生宿舎の中庭にタンポポが花をつけた。中国語でこの植物を〈蒲公英《プコンイン》〉と呼ばれることを承知の上で、中国人の学生に花の名を問うた。三名に訊いたのだが、誰一人として答えられなかった。花を見たことはある、だけど名は知らないということだった。日本「文化」とはいうが、日本「文明」という言葉は熟していない。しかし、中国「文明」とはいうことがある。タンポポを通して、「文明」になるためには失うものが多いということを、そのときに感じた。私を含めて大半の日本人が、草木の名が持つ力を日常生活のなかで思い起こすことが少なくなってきている。日本が「文明化」したと喜ぶべきなのだろうか。あるいは日本の「文化」が失われようとしていると憂えるべきなのだろうか。

第二章　文　明

喬　木

子どものころ住んでいた東京は西片の家の隣に、いまもケヤキの大木が立っている。明治にさかのぼる落ち着いた住宅地も世代が替わるごとに庭がつぶされてマンション群となり、すっかり緑が少なくなってしまったが、ケヤキの生えている敷地の持ち主はこの木を大切にしている。これは本当にありがたいことだ。ケヤキは手間がかかる。秋になると大量の落ち葉を散らす。近隣の家々では樋がつまる。掃除しなければ側溝も水を流せなくなる。苦情を寄せられることもあっただろう。数年ごとに枝打ちする費用も少なくはないはずだ。それでも根本に小さな祠を置き、しっかりと守っている。

一頭地を抜いた樹木は、一つの世界だ。春に緑色の煙でもかかっているのかと見えた芽生えが、日毎に葉を茂らせて天を覆う。夏にはセミがうなり、宝石のようなタマムシが現れ、オナガが巣を掛けて「グェーイ、ツイツイ」と鳴き、カラスが飛来する。秋は落ち葉。祖母が雨が降らない限り毎日かき集め、火を放つ。私は同世代の従姉従弟たちと忍者だ、焼き芋だと騒ぐ。すっかり葉を落とした枝は、乾ききった冬の空に鋭利な刃物で切ったような線を刻み込む。それぞれの季節に、朝と昼と夕の光を受けて多彩な表情を見せる。夕日に燃えるこの大木が、迷子になりかけた私に自分の家の所在を教えてくれたこともあった。二年間にわたる中国留学を終えて戻ったとき、遠くにこのケヤキを見つけ「ああ帰ってこれたのだな」と感じたことを鮮明に覚えている。

枝を高く差し上げたこうした樹木を、中国では「喬木」と呼ぶ。中国にはケヤキは自生していない（〈欅〉の字は日本でケヤキと読まれるが、中国ではカンポウフウを指す）。しかし、高くそびえ立つ樹木が人々の感慨を催させる力を持っていることには、日・中の違いはない。さきに紹介した『詩経』「周南」に収められた「南に喬木あり」との一節から始める歌からも、当時の人々が高木に注ぐ眼差しを窺い知ることができよう。

また『詩経』「小雅」に見られる「伐木」には、

伐木丁丁　　木を伐ること丁丁たり
鳥鳴嚶嚶　　鳥鳴くこと嚶嚶《おうおう》たり
出自幽谷　　幽谷より出でて
遷于喬木　　喬木に遷る
嚶其鳴矣　　嚶として其れ鳴く
求其友声　　其の友を求むる声
相彼鳥矣　　彼の鳥を相《み》るに

猶求友声　猶お友を求むるの声あり
矧伊人矣　矧《いわ》んや伊《こ》れ人なるに
不求友生　友生を求めざらんや
神之聴之　神の聴こしめさば
終和且平　終に和し且つ平らかならん

とある。先の「漢広」が各地域で歌われていた歌謡で俗なものだと考えられたのに対し、この「伐木」は祭祀のあとに開かれた宴会の席で歌われた正式で格式の高いものと認識されていた。

周の時代、政治はまさに「まつりごと」だった。「国」はその文字からも窺われるように城壁で囲まれている。その中心に君主の祖先を祭る宗廟と、土地の神(社)と五穀の神(稷)とを祀る社稷とが置かれた。社稷を祀ることで、君主は土地と人民を支配することができた。宗廟を中心に執り行われた祖先に対する祭祀は、貴族のあいだの社会秩序を儀礼のなかで確認しあう重要な行事だった。祭祀のあとに催された宴会は、同族が集まり共食することで一体感を高める場ともなった。席次や立ち居振る舞いによって参加者のあいだの序列が明らかにされ、秩序が各自の身体に刻み込まれるのだ。

木を伐る音に驚き、深く暗い谷から飛び立って喬木に群れる鳥は、祖先の霊だと見なされていた。天空を高く舞う鳥は、現世を超越した存在で、その姿や鳴き声で未来を指し示すと考えられた。これは中国古代のみならず古代ギリシアなど多くの文化に共通することだ。春秋時代の出来事を伝える

『春秋左氏伝』は襄公三十年（前五四三年）の「五月、宋に災難があった。宋の伯姫が死去した」という記事に伝を付けて、「宋の大廟で『譆譆、出出』（熱い熱い、出たい出たい）と大声で叫ぶ声がした。亳社《はくしゃ》（宋にあった殷の時代に設けられた社稷）で鳴く鳥の声が、『譆譆』というように聞こえた。五月甲午の日に宋で大火があり、宋の伯姫が亡くなった」と述べる。鳥の鳴き声は「キーキッ、チュチュ」といったもので、取り立てて奇異なものではない。しかし、鳴いていた場所が宗廟と社稷であったので、祖先の霊が大火を予告していたのだと解釈されたのだろう。

「伐木」の詩に「友」「友生」とあるのは一般的な友人ではなく、同族のなかの同じ世代に属するものを指す。「神」とあるのは祖霊であろう。喬木に集まった鳥は宴会の席を見下ろし、同族が睦まじく掛け合っている声を聴いている。嬉しそうに鳴き交わす鳥の様子から、人々は祖先が喜んでいると感じたのだ。ケヤキの喬木のもとで育った私には、この感覚は十分に理解できる。おそらく周の時代の由緒ある国には、必ず喬木がそびえていたに違いない。

森林の内と外

中国の留学を終えて森林に関心を持ち始めたころ、植物に詳しい人に連れられて山を登った。ふもとの林道を駆け抜けようとしたら、左右を見なさいとたしなめられた。

雑木林にはツル植物が一面に、木々の先端まで覆うように絡みついている。「荒れた林ですね。手入れが行き届いていないんでしょう。この林はもうダメなんじゃないですか」と私がいうと、同行の人は「本当にそうかな」といって林道からはずれて細い山道へ私を案内した。林に一歩踏みいると、下草も生い茂らず空気もすがすがしい。当時の私には何の木だか判別はできなかったが、それが美しい樹林であることは感じ取ることができた。

森林の外側を覆うツル植物のことを、マント群落と呼ぶのだとそのとき教えられた。クズやヤブガラシ、ヘクソカズラなどのツル植物は光を好み、我先に日光を求めて樹木に絡みついて上へ上へと伸びて行く。しかし、暗い森林のなかには入ることはできない。そのために渓谷や林道、開拓が進んで伐り開かれた空間などに面した森林の縁を、まるでマントをかけたようにツル植物が覆うことになる。マント群落は強い日差しや風が森林のなかに入ることを防ぎ、森林の内部を安定した環境に保つのだという。その後に学んだことだが、マント群落の外側にはミズヒキ、イノコズチなどの明るいところを好む草が生える。これをソデ群落と呼ぶ。

なぜこんな思い出を記したかというと、『詩経』「国風」にマント群落・ソデ群落を描いたと思われる詩篇が収められているからだ。「周南」の「葛覃」がそれだ。

葛之覃兮　　葛の覃《の》びて
施于中谷　　中谷に施《うつ》る
維葉萋萋　　維《これ》葉萋々《せいせい》たり
黄鳥于飛　　黄鳥于《ここ》に飛び

集于灌木　　灌木に集まり
其鳴喈喈　　其の鳴くこと喈々《かいかい》たり

この詩は白川静氏の解釈によると、新妻の里帰りの歌だという。ここでは描かれている光景に着目すると、林の外縁に絡みつくツル植物が谷を越えて風にたなびき、林縁に生えるサンショウやノイバラなどの灌木には、小鳥が群れ集まっている様が見えてくる。歌の視点は森林の外にあり、内には踏み込んでいない。

『詩経』「国風」には様々な植物が登場することは、おおまか先に述べた。「国風」に登場する国々は、すべて落葉広葉樹林帯に属しているのだが、一歩踏み込んで見ると地域によって差異がある。表のようにまとめてみよう。行とあるのは詩篇の行数、件とあるのは植物名が現れる件数、その右に植物名を原文で示す。出現件数と植物名の数とが合わないのは、同じ植物名が繰り返し登場することが多いからだ。この表を見ると、植物名が登場する頻度が高い国の上位三は、陳・曹・唐となる。陳は古く舜を祖先と仰ぐ国、また曹は周の初めに武王の弟が封じられた国、いずれも華北平原のなかほどに位置する由緒ある国だ。

陳の国では、「東門の枌《ふん》、宛丘の栩《く》」「東門の楊、その葉牂牂《しょうしょう》たり」などと歌われ城郭の近くに落葉樹がしげり、また「東門の池、以て麻をひたすべし」「彼の沢の陂に、蒲と荷とあり」などとあり、池の近くで娘たちが麻や紵、菅など繊維を取る植物を水に浸し、堤の上に立つとガマが茂りハスが揺

『詩経』「国風」に見られる植物

	行	件	植　物　名
周南	159	21	荇菜・葛・巻耳・藟・桃・芣苢
召南	171	17	蘩・蕨・薇・蘋・藻・甘棠・梅・白茅・唐棣・桃・李
邶風	369	11	菜・菲・荼・薺・葛・榛・苓
鄘風	177	19	茨・唐・桑・麦・葑・榛・栗・椅・桐・梓・漆・蝱
衛風	203	18	竹・葭・菼・桑・檜・松・芄蘭・葦・飛蓬・諼草・木瓜・桃・李
王風	165	21	黍・稷・蓷・葛・藟・蕭・艾・麻・麦・李
鄭風	291	16	杞・桑・檀・扶蘇・荷華・松・游竜・茹藘・栗・荼・蔓草・薬
斉風	139	4	葛・麻・莠
魏風	127	11	葛・莫・桑・藚・桃・棘・檀・黍・麦
唐風	203	32	枢・楡・栲・杻・漆・栗・椒聊・杜・栩・稷・黍・棘・桑・稲・葛・楚・蘞・苓・苦・葑
秦風	181	21	漆・栗・桑・楊・蒹・葭・條・梅・紀・堂・棘・楚・櫟・六駮・棣・檖
陳風	114	20	枌・栩・荍・椒・麻・紵・菅・楊・棘・梅・苕・鷊・蒲・荷・蕑・菡萏
檜風	45	3	萇楚
曹風	68	11	桑・梅・棘・榛・苞稂・苞蕭・苞蓍・黍
豳風	208	30	桑・蘩・葦・秀葽・鬱・薁・葵・菽・棗・稲・瓜・苴・荼・樗・黍・稷・穋・禾・麻・麦・茅・韭

れていた。東門外の木陰に男女が集い歌を交わし、水辺では視線を交わしていた様子を窺うことができる。

また唐は現在の山西省南部に位置した国で、その歌には山間部の気風が感じられる。その一つには、「山には枢《アキニレ》あり、隰《さわ》には楡《ニレ》あり」「山には栲《ヌルデ》あり、隰には杻《アハギ》あり」「山には漆《ウルシ》あり、隰には栗《クリ》あり」と各章の冒頭に樹木の名が詠み込まれている。これは『詩経』に特有な言い回しで、有るべきところに有るべきものが有るといった意味だという。

『詩経』には植物が多く詠み込まれてはいる。しかし、深く読むと物足りなさを覚えてしまう。植物が身に迫っていないのだ。これは周の時代、落葉広葉樹林帯(区域Ⅲ)に生きていた人々が、森を外側から眺めるだけで、足を踏み入れようとはしなかったためではないだろうか。森林の内にいる人は太い木は知っていても、高い木を見ることはない。木を下から見上げるだけでは、どれほどの高さなのか分からないから。

森林の外にいる人だけが喬木を知るのだ。

森林を開発する文明

周を興した人々は、一説によると遊牧民であったという。現在の陝西省西部から甘粛省あたりの乾燥地域に住んでいたものが、前十一世紀ごろに落葉広葉樹林がひろがる関中盆地に進出したものと考えられている。もとから森林の外の民だったといえよう。

周の建国神話が『詩経』「大雅」に詩篇の形で残されている。

皇矣上帝　　皇《おお》いなるかな上帝
臨下有赫　　下《しも》に臨みて赫《かく》たる有り
監観四方　　四方を監観し
求民之莫　　民の莫《や》めることを求む
……
作之屏之　　之を作し、之を屏す
其菑其翳　　其の菑《し》、其の翳《えい》を
脩之平之　　之を脩め、之を平らかにす
其灌其栵　　其の灌、其の栵《れい》を
啓之辟之　　之を啓き、之を辟く
其檉其椐　　其の檉《てい》、其の椐《きょ》を
攘之剔之　　之を攘《はら》い、之を剔《き》る
其檿其柘　　其の檿《えん》、其の柘《しゃ》を
……
帝省其山　　帝は其の山を省るに

柞棫斯抜　　柞棫《さくよく》は斯に抜き
松柏斯兌　　松柏は斯に兌す
帝作邦作対　　帝は邦を作し対を作すに
自大伯王季　　大伯、王季自《よ》りす
……

この詩篇を意訳すると次のようになる。「大いなる上帝は天から見下ろし、隅々まで明るくする。四方を見渡し、民の苦しみの元を探し求める。……上帝は立ち枯れた木をまとめ、倒れた木を取り除く。灌木を刈り取り、ひこばえを平らにする。ヤナギやヘミを伐り開き、ヤマクワを伐り払う。……上帝は山を見渡し、クヌギを抜いてマツやコノテガシワに植え換える。上帝は邦を作るに際して、まず（周を開いた文王の叔父と父にあたる）大伯と王季に命を下した」。

周の権威の来源は上帝にある。上帝は落葉広葉樹林を開拓する神として現れる。周の民は周原と呼ばれた黄土高原の上の樹林を伐採して農地とした。原生林が蓄えた地力は、豊かな収穫をもたらしたに違いない。周は繁栄し、中原を統一することができた。

人々が開拓のために原生林に足を踏み入れたとき、森のなかでは多くの危険が待ち受けていた。「鼎の軽重を問う」という成句の出典『春秋左氏伝』宣公三年の伝には、次のような話が記載されている。宣公三年（前六〇六年）に楚の荘王が周の領域内で閲兵式を行ったときのこと、周から派遣された使者の王孫満に向かって楚王は天子の位を象徴する九鼎の大小と軽重について質問した。使者は鼎の来歴を説明するなかで「むかし夏王朝の徳がさかえたころ、九州の長官から送られてきた銅で九つの鼎を鋳造し、遠方の物象を鋳込ませた。森羅万象をここに整えられて描き出し、なにが神聖なものでなにが邪悪なものなのか、民に見分けられるようにさせた。そのために民は川沢山林に入ったときに、邪気や魑魅魍魎に会わずにすむようになった」と述べている。

王朝がなぜ人民に支持されたのか。その一つの理由をこの説話から窺うことができる。周代の華北にはまだ広大な山林が広がり、黄河の流れも一定していなかったので、大小さまざまな湖沼が点在していた。人々がこうした手つかずの自然に向き合うとき、ハチなどの毒虫、五歩蛇などの毒蛇、トラなどの猛獣に襲われ、命を落とすことも多かったに違いない。王朝は開拓するように天命を受けている、危険から身を遠ざける知恵を持っていると信じることで、開拓民は安心を得ようとしたのではないか。

九州とは古代人にとっての世界だ。九州とは、冀(黄河以北、遼河以西)、兗《エン》(山東・河北)、青(山東と、今の東北地区の遼河以東)、揚(長江下流)、予(河南)、雍(黄河中流以西)、荊(長江中流とその以南)、幽(東北)、并(冀の西部)のこととされる。それぞれの土地にはそれぞれに固有の生態系があった。夏王朝の最盛期に造られたとされる九つの鼎には、それぞれ九つの州の生態系に係わる知識が鋳込まれていたのではないか。鼎の図象は各地の「鬼神」だったともいわれる。「鬼神」を山林川沢にやどる精霊だと考えればアニミズム的な表象によって、生態系に関する情報が描かれていたとも推定される。

王朝は世界に関する知識を独占し、王朝を継ぐものは鼎を得ることで知識を継承した。南方の常緑広葉樹林帯から出てきたばかりの楚王は、異なる生態系に関する知識の重要性について深くは認識していなかった。鼎の一つには彼の故郷の荆の生態系に関する情報も含まれていたにもかかわらず、その大きさと重さだけを尋ねたため、周の使者に見くびられてしまうことになる。

周がなぜ文明だったのか。常緑広葉樹林というその地の生態系から離れることのできなかった楚の文化とは異なり、周の保有する知識は特定の生態系を超えていたからだ。

虞　人

周代から春秋時代にかけて、華北の生態系は乱開発されたわけではない。広大な地域で自然が保全されていたことが、『春秋左氏伝』の記事から読み取ることができる。

ちなみに『春秋左氏伝』は儒教の古典の一つ。孔子と魯の国の史官が編んだ『春秋』本文に対して史官であった左丘明が、事件の詳細を伝として加えたものとされる。しかし、実は素性がはっきりしない。前漢末の劉歆《きん》が宮中の蔵書を整理していて発見したとされ、たとえば何年か前に世界を騒がせたヒトラーの日記のような真っ赤な偽物だという説もある。もし偽作であったとしても、無からすべてが生み出されたわけではなく、漢代に伝承されていた説話が含まれていたことまでも否定することはできない。

『春秋左氏伝』を読むと、王や諸侯はしょっちゅう狩猟を催している。狩猟は当時の最大のスポーツだった。しかし、それだけではない。当時の政治は「まつりごと」で、宗廟や社稷における祭祀を中心にして展開していた。これらの祭祀には供物が必要で、この供物を獲得するために狩猟が行われた。また国の命運を左右した軍事には、戦車や甲冑には皮革が、弓の両端には骨角が、戦旗には鳥の羽が用いられており、これらの物資を獲得する必要があった。

隠公五年(前七一八年)の伝には、王の隠公が魚採りを見物しようとして次のように諫められたという説話が見られる。その諫言は次のような展開を見せる。

「およそ国の大事(祭祀と軍事)を身につけるのに役には立たないことや、大事に係わる器具には不必要なものについて、君子は行動を起こさないものです。〈俎〉(肉などを盛りつけるために用いられる祭器)に載せない鳥獣の肉や、兵器とならない皮革・歯牙・骨角は、公たるものは射ることはしないものです。これは古来からのきまりです。山林川沢の産物(木材・燃料・魚介など)や日用品の材料は、奴隷が担当し、官吏が監督するもので君子が手出しするものではありません」。

君主の国事行為として挙行される狩猟が可能になるために、広大な山林川沢が保全された。『春秋左氏伝』にみられる狩猟の場所を掲げると、郎(桓公四年)、秦の具圃、鄭の原圃(僖公三十三年)、孟諸沢(文公十六年、昭公二十一年)、首山(宣公二年)、雲夢沢(宣公五年、昭公四年)、曹隧(襄公十七年)、萊(襄公二十八年)、武城(昭公四年)、丘蕕(昭公四年)、州来(昭公十二年)、沛丘(昭公二十年)、邙《ボウ》山(昭公二十二年)、大陸沢(定公元年、哀公十四年)、逢沢(哀公十四年)と、一五カ所を数えることができる(場所が推定できるものは、目次裏の地図に示した)。魯における陽虎のクーデター(定公八年)にまつわって出てくる蒲圃という地名も、狩り場であろう。

これらの狩り場は、虞人と呼ばれる官が管理した。「虞」という字は「〈虍〉トラ＋音符〈呉〉」で、トラのようにすばしこい動物を意味し、転じて心を配るの意となった。狩猟のために心配りをする官であるので「虞人」としたのだろう。しかし、山林川沢における食物連鎖の頂点に立つトラにまつわる字を、その管理者の官職名としてあえて選んだところに、周の人の生態系に対する感性を見るとしたら、深読みがすぎると誹りを受けるだろうか。

虞人は山林川沢の生態系に対する豊富な知識を持ち、君主すら一目おかざるを得ない存在だった。虞人は山林川沢での狩猟採取を生業とする非農耕民のなかから選ばれたのではないかと私は考えたい。これまた出所が怪しい『周礼』では、「九つ職をもって万民を任せる」と九種類の職種を列挙するが、その三番目に「〈虞衡〉といい、山沢の材をなす」とあり、農業・林業・牧畜・手工業・商業などとならんで山沢の資源を管理する職として位置づけられている。〈虞衡〉とは虞人と同じ人々を指しているると思われる。『周礼』が春秋時代の状況を反映しているとするならば、虞衡ないし虞人は、農業などと併記されているところから見て、農業に従事していなかったと考えられる。

襄公四年の条に見られる「虞人の箴」から、人間と野生動物とが共存するために必要なルールを虞人がわきまえていたことを知ることができる。

「広大な(夏王朝を開いた)禹の領域は九つの州に区分され、多くの道が拓かれたものの、民には生前の居室や死後の廟堂があり、獣には茂みがあり、おのおの収まるところがあった。(そのために人と獣とは)その本質において擾乱しあうことはなかったのだ。(ところが、夏王朝の衰退期に政権を獲得した)羿《げい》が位にあったとき、狩猟に溺れて国の憂いを忘れ、シカなどの禽獣のみに思いを馳せる始末。狩猟はあまり多くてはいけない。夏王朝はそのために滅亡してしまった。禽獣を管理する家臣は狩猟を司り、謹んで(君主の)付き人に申し上げる」。君主に対して直接に言上することはできず、その侍者を介してはいるものの、ルールをはずれた狩猟をするなという言葉には、野生動物に対する認識に基づいた虞人の自信のほどが窺われる。

山林藪沢

隠公元年(前七二二年)から説き起こされた『春秋左氏伝』の説話は『春秋』の経文が終わったあとも続き、哀公二十七年(前四六八年)で終わる。最初から最後まで通読して行くと、初めのうちはまだ大らかだった世相が、後半に入ると混迷の度合いを強め、武力と知力を持つものがのし上がって行くいわゆる下剋上の様相を呈するようになることが感じられる。歴史上、春秋時代と呼ばれる時代はそののち六〇年あまりを経て、前四〇三年に現在の山西省を中心とした晋が韓・魏・趙に分裂した事件をもって終結し、戦国時代に移る。しかし、『春秋左氏伝』を読む限りでは、戦乱の時代はすでに前六世紀後半に兆していたといえよう。

戦乱の時代は視点を変えてみるならば、生態系改変の時代だった。山林川沢の様相は春秋時代後期から戦国時代のあいだに激変した。

春秋時代の前期、山林川沢は祭祀・軍事に直接必要な物資の供給源として位置づけられ、生態系を擾乱して野生動物の生息を脅かすことは避けられていた。生態系全体を知り、野生動物と人間とのあいだのルールを担っていたのが、さきに述べた虞人だ。この共存関係をこわさない程度に、民が魚介や木材などの産物を獲得することは許されていた。そこは、オープンスペースだったのだ。ところが、春秋も後期になると、君主は富国強兵のより所として山林川沢を囲い込む。

現在の山東省にあった大国の斉では、宰相の晏嬰《あんえい》が囲い込み政策を批判している。『春秋左氏伝』昭公二十年(前五二二年)の伝のなかで、晏嬰は「山林の木は衡鹿(という役人)が見張り、沢の葦や蒲は舟鮫(という役人)が見張り、雑木林の薪や柴は虞候(という役人)が見張り、海辺の塩や貝は祈望(という役人)が見張っています」と述べている。市場に持ち込まれる山林川沢の物資には、関所において重税が課せられたともある。斉の経済政策は、木材・燃料・魚介などの産地を排他的に管理し、関税障壁を設けて外部からの流入を抑制し、日用必需品の供給を独占することで国家財政を強化させようとするもの。こうした悪政を行っているから斉の君主は病になるのだと、晏嬰はいう。

国が山林川沢を囲い込むにあたり、それまでは虞人が包括的に担っていた職分は分割され、経済的な利益を生む物産に応じた職掌が設けられたようだ。あるいは虞候と呼ばれる雑木林の管理官へと、その権限が削減されたのかも知れない。

同じ昭公二十年に斉侯が沛丘で狩猟を行ったとき、弓によって虞人を呼び出したところ、参上しなかったという。斉侯がその虞人を捕らえたところ、「むかし我が先君が狩猟をなされたときには、皮の冠によって虞人を呼び出された。私は皮冠を見なかったので敢えて参上しなかったのです」と申し開きした。隋末唐初の学者の孔穎達が付けた解説によれば、諸侯は皮冠を被って狩猟したので、狩猟を管轄する虞人を招くときに皮冠を用いたとあり、虞人は狩猟の場においては諸侯と同列に遇されていたと思われる。狩り場では危険も伴い、野生動物の生態や植生などに精通した虞人の判断に、諸侯であってもときとして従う必要があったからだろう。弓で呼び出されるのは士のクラスだ。虞人は弓によって呼び出されたことで、大いにプライドを傷つけられたに違いない。

増淵龍夫氏は戦国時代から秦帝国の成立にいたる歴史展開のなかで、君主は山林藪沢を排他的に占取することによって専制権力が確立したのだと論じた(「先秦時代の山林藪沢と秦の公田」、増淵龍夫『中国古代の社会と国家』一九六〇年所収)。原宗子氏は戦国時代から漢代のあいだに成立した『管子』を分析するなかで、「農民とは明らかに異なる人生のより所を持つ民として、山林沢谷を生業の場とする人々が語られ」、「そのような生活形態をも内包する社会の支配者たる君主の富強化が、『管子』の課題だった」と述べる。

原氏はさらに重要な指摘をしている。「かかる山林沢谷の居住者を支配するにあたっては、とりあえずまず彼らの経済生活を君主の経済圏、すなわち農耕民を圧倒的多数とする社会に組み込む必要がある。手近なその方法はいうまでもなく交易だった」とある(原宗子『古代中国の開発と環境――『管子』地員篇研究』研文出版、一九九四年)。これらの研究については、依拠している史料に立ち返りながらあとづけて行きたいのだが、しかし、紙幅にゆとりはない。

戦国の七雄の一つ秦もまた、山林藪沢を排他的に掌握することで富国強兵を成し遂げた国だった。秦の始皇帝は天下を統一する過程で、それまで文明の外縁部に位置していた黄土高原北部と長江流域とを包摂し、それらの地域の山林藪沢をも帝国の基盤に組み入れた。

前三世紀のディベート

『孟子』には興味深いディベートが収められている。かたや儒家を代表する孟軻、対するは「農家」思想家の許行に心酔する陳相。「農家」は諸子百家の一つで、その思想の内容についてはほとんど今日に伝わっていない。孟軻が相手に加えた攻撃のことばから見ると、農業や手工業に基礎をおいた平等社会を目指し、精神労働と肉体労働との区分もないコミューンを造ろうとしていたと思われる。このディベートは孟軻の発言として記録されており、当然、儒家側が勝ちとなる。「農家」側の記録がないから、判定を下すにはいささか不公平と言わざるをえない。

山東に位置する滕の国は、そのころ古式にのっとった政治を進めていた。南国の楚の人、許行はその徳を慕い、数十人の仲間と共に移住する。みな粗末な毛布を身にまとい、農業で自給自足し、わら靴や筵を生産し、必要な農具・炊事用具などは交換することで手に入れていた。そこでは支配するものも、支配されるものもない平等な関係が生まれていたという。

陳相はもともと儒家を信奉していたが、このコミューンを見て感動し、宗旨替えした。儒家思想を捨てた陳相に対し、孟軻はディベートを挑む。まず人間の社会が成り立つためには分業が必要であると説く。この発言、実は落ち着いて検討してみると、水平的な分業と垂直的な分業とをごっちゃにしていて論理に破綻をきたしているのだが、ここでは深く論じることは控えよう。問題は次。孟軻は突然、議論を飛躍させ文明論を語り始める。

「むかし、尭のときには天下はまだ穏やかではなく、大水が溢れ、草木は繁茂し、禽獣が繁殖し、穀物は実らなかった。禽獣は人にせまり、けものや鳥の足跡が人の居住地にまで及ぶありさま。尭はひとり憂え、舜を採用して治めさせた。舜は伯益という名の配下に命じて火を司らせた。益は山や沢の草木に火を放ち焼き払ったので、禽獣は逃げ隠れた」。中国古代の伝説の帝王である尭・舜が、草木・禽獣が豊かな森林を焼き払い、開発を始めたのだという。帝王たちは全体を統括するために、自ら耕すことはしなかったではないか、と孟軻は結論を出すのだ。これで矛を収めておけばよいのに、ディベートでは禁じられている人身攻撃を孟軻は始めている。

「私は〈夏〉(文明)によって野蛮人が変わることは聞いたが、野蛮人のために変えられたという話は聞いたことがない。……いま南蛮から来たモズのような言葉を話す人(許行を指す)が、先王の道は間違っているとしている。君はその師匠に背いてこれを学ぼうとしている。……私は鳥が鬱蒼とした谷を飛び出して、高い木に飛び移ることは知っているが、高い木から降りて谷に入るということは聞いたことがない」。これは明らかに相手を野蛮人だと決めつける差別発言だ。

読み下だし文にすると「吾は幽谷を出でて喬木に遷る者を聞けるも」となる部分は、先に紹介した『詩経』「小雅」の詩篇を踏まえている。『詩経』では目の前にそびえる大木に群れ集まる鳥に感動する感性が読みとれた。一方、孟軻と同時代の楚で生まれた『楚辞』には森林を構成する草木・禽獣との親密な交感を見ることができた。しかし、同時代に落葉広葉樹林帯で著された思想書『孟子』には、森林を開発の対象とする発想しか読みとれない。

『孟子』には、孟軻が斉の宣王に向かって発したとされる次のような言葉が記録されている。「いわゆる故国(伝統のある国)とは、喬木のあることを言っているのではありません。世臣(代々仕え続けている家臣)があることを言うのです」。喬木などは重要ではない、人間こそが国の柱だと言い切る孟軻は、人間中心の世界観をもって語っている。これは文明の言葉だ。『詩経』と『孟子』とのあいだには、およそ四〇〇〇年ほどの年月が流れていた。

秦の始皇帝と楚の森

始皇帝は天下を統一すると、その世界をその眼で確認するように旅に出る。前二二〇年から前二一〇年までのあいだに五回もの視察旅行を行い、最後の旅の途中、会稽(現在の浙江省紹興市)において死去する。その軌跡を地図に表すと、黄土高原と長江中流域がその範囲だ。東南山地の百越の文化圏には、一歩も足を踏み入れていない。あるいは、踏み入れられなかったともいえよう。生態学的な観点に立ったとき、秦の始皇帝が中国文明に組み込んだ領域は、始皇帝が巡行できた範囲を越えるものではない。

前二一九年に始まる第二回目の巡行について、『史記』「秦始皇本紀」は次のような説話を伝えてい

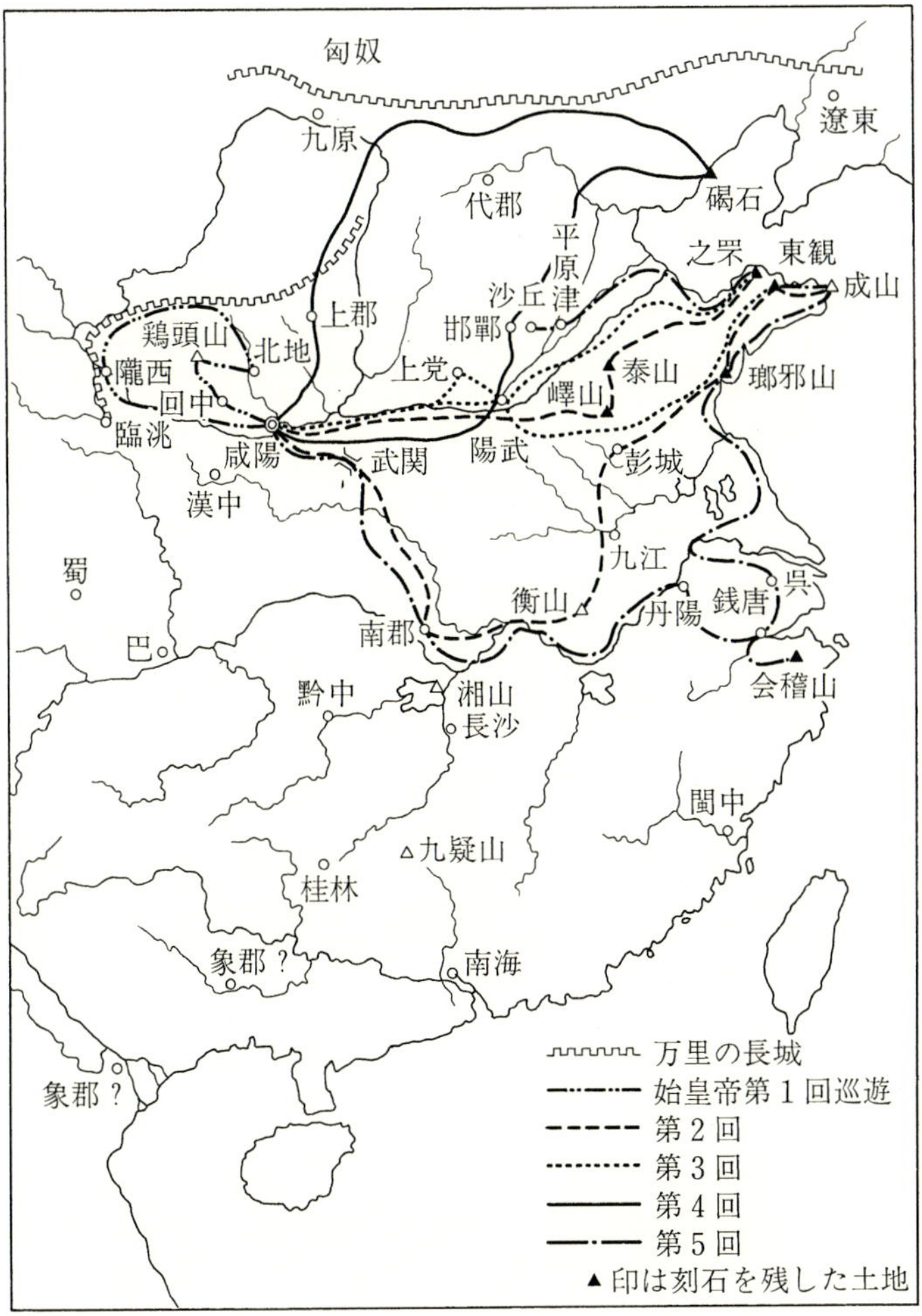

秦始皇帝の巡行の道程.
(籾山明『秦の始皇帝——多元世界の統一者』白帝社，1994年より)

る。「始皇は彭城(現在の江蘇省銅山県)を過ぎ、身を清めて祠に詣でたあと、泗水の川底から周の鼎を引き上げようとした。一〇〇〇人もの人を潜らせて捜させたが、ついに得られなかった。そこで西南に向かい淮水を渡り衡山(現在の大別山)・南郡(湖北省江陵県)に行った。そこから船に乗り湘山の祠に至ったとき、大風が吹き荒れ先に進むことができなくなった。始皇は博士に「湘君とは何の神か」と尋ね、博士が「聞くところによれば、堯のむすめで舜の妻となったものがここに葬られているとのこと」と答えた。始皇はそこで大いに怒り、刑徒三〇〇〇人を動員して湘山の樹木を皆伐させ、山を丸裸にしてしまった」。

泗水の川底から引き上げようとした周鼎とは、「鼎の軽重を問う」の故事に登場したあの九つの鼎のこと。九鼎は前二五六年に周王室が滅んだ際に秦の昭王の手に渡ることとなった。ところが輸送の途中で泗水に沈んでしまったという。始皇帝はあるいは楚の地域の生態系を掌握するすべを、鼎から読み取りたかったのかも知れない。そのもくろみは失敗する。その結果、始皇帝は楚の人々から崇敬されていた湘君に拒絶される。始皇帝は山林を破壊し、生態系を根底から改変することで、楚の地を支配する道を選ぶ他はなかった。

始皇帝の行く手を阻んだ罪に対する処罰として、湘山が禿げ山にされたというのは、事実というよりも楚の地で語り継がれた説話だろう(鶴間和幸氏のご教示による)。しかし、楚の山林は秦の大規模建設事業への木材供給地となり、原生林に近い状態に保たれていた森林が開発されたことは間違いない。阿房宮の建設のために蜀(四川省成都周辺)と荆(長江中流とその以南)の地の木材がすべて集められたと、

『史記』には記載されている。

湘山から東北に離れた湖北省雲夢県の秦代の墓から、秦の統一前後の法律を記した竹簡が出土した。そのなかには自然資源の乱獲を規制した条項もある。しかし、これは帝国を支える資源を再生産するために設けられた法律だ。たとえば『楚辞』の「山鬼」「湘君」「湘夫人」などの詩篇にうかがわれた森のさまざまな植物や動物と人との身体を介した交歓は、そこにはもはや存在しない。秦の始皇帝は生態系を破壊したというよりも、生態系に根ざした文化を中国文明という挽き臼に引き込んですりつぶしたのだ。

楚文化の継承者

自らの文化を破壊された楚の人々の多くは、故郷喪失感を味わったに違いない。自分たちを育んでいた風土は、生産性を第一とする政治体制のなかで変容し、目の前には見慣れない、よそよそしい風景が広がることとなった。新しい体制に慣れずに秦王朝から課せられた義務を果たせなければ、罪人として郷里から引き離される。彼らは現代的な用語を使うならば、環境難民と呼ぶことができよう。

始皇帝の死後、この環境難民を吸収したものが新しい勢力を構成できた。だから陳勝は叛乱をおこすや直ちに楚王を名乗った。項羽は祖父が楚の将軍であったことをより所に、自分こそが正統に楚を継ぐものだとして旗を揚げる。のちに漢の高祖となる劉邦の軍勢のなかにも、楚の人々が数多く流れ込んでいた。「四面楚歌」は漢軍の策略ではなく、実際に漢の軍門に多くの楚人がいたからこそ、夜に楚の歌が響いたものと考えられる。劉邦の戚夫人は楚舞を踊り楚歌を歌ったと伝えられる。漢は楚文化の継承者という一面も持っているのだ。

漢代には皇后の御殿を「椒房」と呼んだ。これは山椒を壁に塗り込めたからで、山椒には暖気を与え悪気を除く効果があると考えられていたためだという。この山椒の使い方は『楚辞』に描かれた「湘夫人」の社と共通する。このあたりにも漢と楚文化との連続性をみることができる。漢の後宮には楚の女性も多く含まれていた。その無名の女性を介して、楚の植物と親しむ伝統は、漢の皇室に流入したのではないか。漢代の文学の好みは、『楚辞』の系譜をひく賦だ。特に武帝は現在の四川省成都出身の司馬相如(前一七九―一一七年)を呼び出し、広大な面積を占める上林苑にみられる多彩な動植物を、華麗な筆致で描き出させている。その司馬相如が武帝の目にとまるきっかけを作ったのが、楚の雲夢沢を描いた賦だった。

第三章　上　流

雲夢沢幻視

「これがアメリカの人工衛星から撮影された中国大洪水の模様です」という淡々としたアナウンサーの声にはっとして、作業の手を止めて視線を上げたところ、テレビの画面に長江中流域の衛星写真が映し出されていた。一九九八年の夏のことだ。武漢の近く、特に長江の南側に、それは黒く広がっていた。土手を決壊させ、村落を飲み込み、数千万もの人々の生活を破壊しているに違いないその水面を見て、あれは雲夢沢じゃないか、と口をついて声が出た。

雲夢沢は春秋戦国時代の大国・楚を、経済的に支えた大湿原だ。前漢の時代の雲夢沢の姿を、司馬相如が賦という文学の形式で描き切っている。長江上流の四川、中流の湖北・湖南には、当時、豊かな森林が広がっていた。そこからしみ出す水流は、大雨のときにも溢れることなく、日照りのときにも涸れることがなかった。雲夢沢は安定し、豊富な物産の恵みを、楚の国の人々にもたらしていた。時代が下る。人々は森を開墾し、湖を干拓した。特に近年、その速度は早まるばかり。中国の人口の三割もの人が住む長江流域(一八〇平方キロメートル)において、この三〇年間に森林は半減し、いまでは僅かに全面積の一〇パーセントを占めるのみだという(『朝日新聞』一九九八年九月六日)。

その年の夏に中国で史料収集をして来た友人は、テレビで報道される洪水の情報に目を配ってきた。それまでは洪水などが起きても、自然災害に立ち向かう人民解放軍の姿などが映し出されるだけで、その背景を説明することはなかった。ところが、その夏の報道は少し違っていたという。もちろん兵士らの英雄的な奮闘ぶりの紹介がニュースの中心を占めてはいるものの、長江上流域における森林破壊が深刻なことも繰り返し紹介され、洪水の原因だとは決めつけてはいないものの、洪水の被害を拡大させた重大な要因として解決の必要性が論じられた、とのこと。

中国における森林破壊は、一つの国の問題にとどまらず、すなわち地球の環境問題でもある。ユーラシア大陸全域で進む沙漠化の東の最前線が中国にある。日本の人口を超える二億数千万の人々(東北の松花江流域の被災者も含む)が洪水の被害を受け、避難しようにも受け入れ先もなく、水につかった家に住み続け、夜は屋根の上でまどろみ、昼は水死した家畜が放つ腐臭のなかで滞りがちな支援物資を待っている。

「だから三峡ダムの建設をしなければならないのだ」と中国政府の要人は胸を張る。このダムは孫文の夢。しかし、全会一致があたりまえであった人民代表大会において、かなりの数の反対票が投じられた建設計画でもある。水没地域からは百数十万もの住民が追い立てられる。大量の土砂が、ダム湖の上流部に位置する重慶近辺に堆積すると予測されている。ダム湖の底に土砂を抜く排出口を造ったとしても、いずれ機能しなくなる。ダムは長江流域のエコロジカルなまとまりを分断する。ダムが流域の環境に与える影響は、いまだに解明し尽くされてはいない。

人は死に臨んだとき、一生の経験をフラッシュバックすると聞いたことがある。衛星写真に映し出された水面は、長江流域の大地がその生命を失う直前に、二千数百年もの時間を飛び越えて見た夢だったのではないか。そこに見たものは、湖畔には香草もなく樹林もなく、空には鳳や鸞の影もなく、地には白虎や玄豹の姿もない、変わり果てた光景だったはずだ。

一説によると雲夢沢は長江を挟んで広がる二つの湿地帯を、合わせて呼んだ名だという。北を「雲」、そして南は「夢」と呼ぶ。その「夢」とは何だったのだろうか。

司馬相如「子虚賦」

司馬相如の作品は、『史記』や『漢書』に収められている。『史記』「司馬相如列伝」では、雲夢沢を舞台とする「子虚賦」と上林苑を描いた「上林賦」は一つの作品としてまとめられている。本来は別の作品で、「子虚賦」に感動した武帝が、命じて「上林賦」を作らせた。彼の出世作「子虚賦」は、不思議な気配を放っている。秦の始皇帝により壊滅させられた楚文化の幻想であり、あらかじめ失われた幻影として描かれているからだ。

賦は物語として展開する。

楚の子虚は斉の国に使者として赴く。斉王は境域内の士を動員し、戦車と騎馬を用意して使者とともに狩猟にでる。狩が終わり、子虚は烏有先生のもとを訪ねたところ、無是公もそこにいた。それぞ

れ坐ると、
烏有先生が「今日の狩は楽しかったでしょうか」と問うた。

子虚「楽しませてもらいました」。

「獲物はいかほどで」。

「さほどは」。

「それでは何が楽しかったのです」。

「斉王が私に戦車・騎馬を自慢したのが、可笑しかったのです。私は雲夢のことを話して聞かせて差し上げました」。

「お聞かせ願えませんか」。

子虚は「よろしい」といって語り始めた。

「王は千台の馬車、万騎を繰り出し、浜辺で狩をしたのです。兵卒は水辺にぎっしりと並び、ウサギを捕る網を山に張りめぐらせ、ウサギを捕まえシカを車で轢きたおし、オオシカを射てカモシカを打ち、塩ヶ浦に馳せて獣の鮮血で車輪を染めました。射止めた獲物は多く、斉王は誇った笑みを浮かべて私(子虚)を振り返り、

「楚には狩猟を行う平原や広沢があると聞いておりますが、これほどに豊かでしょうか。楚王の狩は私と比べていかがですか」。

私は戦車から下りて、次のようにお答えしました。

「わたくしは楚国の田舎ものでございます。幸いにも侍衛に取り立てられ、十数年になります。しばしば巡行に従い宮廷付属の庭園をまわり、何が有りまた何が無いのかを観るのですが、いまだに見尽くしてはおりません。また庭園の外に広がる湖沼については、語る言葉が見つからないありさまです」。

「しかしながら、あらまし貴公の見聞したところをお聞かせ願いたい」と斉王がいうので、私は、「承知いたしました。楚には七つの沢があると聞いておりますが、まだその一つしか実見しておりません。私が見たものはほんの僅かに過ぎません。沢の名は雲夢と申します。雲夢沢は四方九百里、そのなかには山があります」……」。

こうして「子虚賦」は楚の使者の斉王に対する語りという形をとって、雲夢沢の地形・鉱物・水草・樹木・魚介・禽獣のありさまを描き始める。延々と続く描写をここで紹介することは省き、「その北には」とある部分だけを掲げておこう。

其北則有陰林巨樹
楩枏豫樟桂椒木蘭
蘗離朱楊樝梨梬栗
橘柚芬芳

「その北には則ち、陰林・巨樹あり」とある。「陰林」という言葉については、「山の北側の林」と「鬱蒼として暗い林」という二つの解釈がある。「その北」と始まる節のなかに重ねて北側というのも奇妙だから、私は「鬱蒼とした林」だという説を採りたい。登場する樹木を比定することは困難を極める。さしあたり対応するものを掲げると、〈楩柟〉タブノキ、〈豫樟〉クスノキ、〈桂〉ニッケイ、〈椒〉サンショウ、〈木蘭〉モクレン、次の行に〈蘖〉オウバク、〈離〉ヤマナシ、〈朱楊〉ヤマナラシ、〈樝梨〉ユソウボク、〈梬栗〉サルガキ、最後の行に〈橘〉タチバナ、〈柚〉ユズとなろうか。

子虚の言葉がようやく終わったとき、それを聞いていた烏有先生は「言葉が過ぎる」と子虚をたしなめ、子虚本人にもさらには楚の国にも災いをもたらしかねないと警告する。

司馬相如が描き出した物語が幻想だということは、子虚・烏有先生・無是公という登場人物の名によって読者に明示されている。いずれも「存在しない人」という意味なのだ。「子虚賦」が創作された時期は、生態系に依存する楚文化が破壊されてから七〇年あまりの年月を経ている。子虚の語る雲夢沢は、生命に満ちあふれている。しかしその豊かな生態系は、もはや虚構の人物の口を借りなければ現出し得なかったともいえよう。雲夢沢は上流域から流れ込んだ土砂により次第に埋まり、姿を消した。

ここで長江上流域に眼を転じることにしよう。長江水系の西はチベット高原の東部、北は秦嶺山脈の南麓、南は雲貴高原の北部に囲まれる。本書ではそのうち秦嶺山脈と雲貴高原における生態系変容の過程を、おおまかにたどることになる。

斑なるものども

秦嶺山脈の最高峰は標高三七六七メートルの太白山、日本の富士山よりも一〇メートル低いといえば親しみがわく。西安の真南に位置する終南山で二六〇四メートル、山脈の東に独立してそびえる華山で一九九七メートル。三〇〇〇から二〇〇〇メートル級の峰が連なっている。この山脈は黄河水系と長江水系とを分かつ分水嶺だ。北には渭河がながれ、西周・秦・漢の首都が置かれた関中盆地が広がる。南には漢水が流れている。この山脈は先に述べたように、落葉広葉樹林帯と常緑広葉樹林帯とを分かつ、生態系の分岐線でもある。

『詩経』「国風」・秦風の「終南」という詩篇では、「終南に何かある、條あり梅あり」と歌われている。白川氏の解釈に従うならば、「條」とはヒサカキ、「梅」とはウメではなくユズリハだとのこと。いずれも常緑広葉樹だ。秦の人は秦嶺山脈の峠を越え、その南麓側にも足を伸ばしていたからこそ、これらの樹木を知っていたと考えられる。もし、原生林が残されていれば、標高一二〇〇メートル以下の南麓には、日本のアラカシと同属の樹木やウバメガシなどの常緑の木々が茂っていたはずだ。

中国文明の中心地に臨む秦嶺山脈は、古くから手頃な森林資源の供給地とされた。秦の始皇帝が楚を滅ぼし長江中流域を掌握してからは、南麓で伐り出された木材は漢水に落とされ筏に組まれて、いまの武漢あたりに下り、首都の咸陽に搬送された。続く漢代には漢水上流の褒中に林業基地が置かれた。三国時代に著された『華陽国志』は褒中県の項で「山名は扶木」と述べている。「扶木」とは名木のことと解釈され、品質のよい木材の供給地として認識されていたことがわかる。また、晋の左思が著し、洛陽の紙価を高騰させるほど人気が出た「三都賦」にも、「良木は褒谷に集まる」とある。

唐代の伝奇小説集『広異記』には、不思議な話が掲載されている。

開元(七一三〜七四一年)の初年、巴(四川省の重慶周辺)の人で樹木を伐採し、板を作る優れた技術をもった人々がいた。ある日、百人あまりの集団で、褒中を出発して太白廟に向かった。そこにはマツやコノテガシワが百余株あり、太さは十数囲(二メートルほど。ちなみに囲は親指と食指とを開いた幅)。巴人はこれを見て喜び、さっそく二十余株を伐採したところ、忽然と杖をついた老人が現れ、次のように告げた。「これは神樹なるぞ。伐ってはならん」と。巴の人々は耳を貸そうともしない。老人は「我は太白山の神なるぞ」と告げても、誰一人聞くものがいない。老人はさらに「止めなければ災いが降りかかり、みな死ぬことになる。無益なことぞ」と告げた。それでも巴の人々は作業の手を止めなかった。老人は山に登ると「斑なるものよ」と叫んだ。するとにわかに数頭のトラが現れ、巴の人を追い回して食らいつき、生き残ったものは僅かに五、六名に過ぎなかった。

この伝奇小説からは、当時の林業が職能集団によって担われていたことを窺うことができる。巨木は神の木として認められていた。伐採にともなう事故は、神の罰と解釈されていたようだ。また、トラが森林の守護者と考えられていたことも、見落とすことはできない。

職能集団が行った伐採は、巨木のみを対象とした択伐だったと思われる。大規模な皆伐ではなかったために、土壌流出も深刻なものではなく、しばらく人の手が入らなければ天然二次林として再生することも可能だった。

不思議を育てる

秦嶺山脈の山麓では、十八世紀のなかば、ごく短い時期だが野蚕の飼育が盛んに行われたことがあった。野蚕で有名なものに、ヤママユがある。これは日本の固有種。その繭から採取した糸は緑がかっており、この糸で織った着物などは、並の財産家では手が出ないほどの高級品だという。このヤママユガの同属種に、サクサンとクスサンがある。いずれも糸を採ることができる。サクサンの繭から採った糸は褐色で長く、日本でもヤママユガほど高級とはされなかったものの、テーブル掛などを織るのに用いられた。クスサンの場合は、まだ幼虫のときに絹糸腺を取り、酸と食塩水とに浸して引き伸し、てぐすを作るのに用いられた。秦嶺山脈で飼育されたものは、サクサンの方だ。

話はすこし本道からはずれるが、クスサンには子どものころの思い出がある。私が通っていた文京区の小学校は、毎年、夏になると林間学校を千葉県の柏で開いた。担任の教諭は子どもたちを引率して雑木林に入り、あとは勝手に遊ばせる。土をほじくり土器の破片を探す子ども、昆虫採りに夢中になる子ども、林は急ににぎやかになる。子どもは何か発見すると教諭のもとに駆け寄り、発見を誇る。教諭は子どもの宝物を手に取り、ときには周りの子を集めて説明したり、発見するコツを教えたりする。

私も木の枝に奇妙なものを見つけた。ちょうど子どもの手にすっぽりとおさまる程度の大きさの、不思議な籠のような褐色のものだ。いそいで手に採り、教諭のところに駆けていった。「これは何」と尋ねたところ、「何だろうね、家に持ち帰ってしばらく置いて様子を見たら。ビニール袋のなかに入れておくといいだろうね」との答え。私はすっかり木の実だとばかり思い込み、どんな芽が出るのかと家に持ち帰った。

いわれるままに袋に入れて軒下に置いた。すっかりそんなことも忘れたころ、ふと見ると巨大なガが袋のなかで蠢いているではないか。それがクスサンの成虫だった。クスサンの繭は透俵《すかしだわら》とも呼ばれる。

いま考えると、その教育方法は冴えたものだった。もしガの蛹だと教えたら、私はぎょっとして捨ててしまったに違いない。そんな形の繭があることなども、すぐに忘れてしまっただろう。小学校の高学年の三年間、その教諭に教えられたことがきっかけとなり、私はものを調べて文を書くことが好きになり、そのまま研究者になってしまったのだが、その教育方針の一端がこのクスサンをめぐる出来事からも窺われる。私が教えられたことは不思議だと思ったことにこだわり、不思議を育てるということだ。

中国で野蚕から糸が採れることが分かったのは、明代のはじめであったらしい。そのときは樹林から野生のガの繭を集めて糸に撚り、宮廷に献上した。ガを飼育する技術が確立するまでに、二〇〇年ほどの試行錯誤が繰り返された。伝説によると明代の末、山東省に神人が現れて飼育の方法を教えたと伝えられる。無名な人々の努力を、超自然的な力を持つ存在に仮託したのだろう。室内で孵化させた幼虫をしばらく育て、屋外のクヌギやナラカシワ、常緑のアラカシと同属の樹木に移して繭を作るのを待つ。鳥や蜂から守るために昼夜を分かたず見守らなければならない。なかなか骨の折れる作業であっただろう。

秦嶺山脈に野蚕の飼育が導入されたのは、清代なかば乾隆年間の初年であった。天然二次林として再生していた林は、ちょうど野蚕の飼育に適した樹種によって構成されていた。地方長官として赴任した陳宏謀は、貧しい地域経済を振興するために、野蚕の技術者を山東省から招いたり、ナラカシワなどの樹木からなる林での伐採を禁止したりしている。その努力もあってか、そこそこの成果が上がり利益がもたらされた。

森林から経済的な利益をあげるというと、すぐに伐採して木材だ、となりがちだ。しかし、この野蚕の事例のように、森林保全と経済性とが両立する道もある。それを発見するには、なんでも不思議に思う気持ちを大切にしながら、森にひたり林を歩くことだ。野蚕から糸を採ることを最初に見つけた人も、きっと不思議を育てられる人だったのだろう。

トウモロコシと山林

アメリカ大陸からユーラシアにもたらされたトウモロコシが中国にもたらされた時期は、十六世紀の八〇年代だとされる。経路には海路で福建に上陸したとする説、陸路で東南アジアから雲南に入ったとする説がある。新しいこの作物が、中国文明のなかに根を下ろすまでに、一五〇年ほどの年月を要した。外来の食料が社会に受け入れられるのは、容易なことではない。いつ、どのような場所で、誰が食べるのか、どのように調理してなんのために口に運ぶのか、こうした要素が確定しなければ受容されることはない。新しい農作物がその地の生態系に与える影響は、どのような形で受容されたかによって大きく左右される。トウモロコシは中国の山林に壊滅的な作用を及ぼすことになる。しかし、これはトウモロコシが悪いわけではない。

秦嶺山脈にトウモロコシが現れたのは、十八世紀の四〇年代だった。中南米原産のこの作物は乾燥に強く、傾斜地にも栽培が可能だ。そのため標高一二〇〇メートル以下の山腹に、それまで細々と栽培されていたアワを駆逐して一挙に広がる。農民の自家消費用に植えられたのではなかった。収穫は商品として売られ、市場を介して貧しい労働者が食物とするために買った。粉に挽かれ、握り拳二つ分の大きさに固められ、円錐に形を整えて熱の通りがよくなるように底辺に窪みが作られる。それを蒸すと、どす黒い黄色を呈した食物となる。〈窩頭〉と呼ばれる貧乏人の粗食だ。

十八世紀なかば、秦嶺山脈の奥地に〈廠〉と総称される作業所が、いたるところに出現し、窩頭を常食とする多くの労働者が働くようになった。〈木廠〉（木材伐採所）は、それまでは人の手が及ばなかった標高二五〇〇メートル以上の針葉樹の原生林のなかにも設けられた。峻険な山地で伐り倒した木材を搬出するために、〈溜子〉〈天車〉と呼ばれる設備が作られた。溜子とは伐採した木材を滑り降ろす軌道のこと。長さ三メートルほどの丸太を並べ、切り通しを開いたり谷には橋を架けたりして、河川の岸まで伸びた。天車とは滑車を用いたケーブルのこと。山の稜線のうえに支柱を立て、八角形の滑車を取り付けて、巻き上げ用の滑車と連結、牛であれば二頭、ロバであれば四、五匹、人であれば二、三十人を使って木材を引き上げたという。このような設備を用いて山から運び出された木材は、河川に集められた。大きな木廠ともなると、三〇〇〇から五〇〇〇の労働者が従事した。

〈鉄廠〉は製鉄所。〈紅山〉と〈黒山〉との二種類あった。前者は鉄鉱石を産出する場所であり、鉄が酸化して赤くなっていたのでそのように呼ばれたのだろう。後者は製鉄に不可欠な木炭を焼く場所で、原生林の近くに設けられた。鉄廠も多くの労働者によって支えられていた。溶鉱炉は五メートルぐらいの高さがあり、木炭と鉄鉱石とをいれて十数人の労働者が昼夜を分かたず交代制でふいごを動かした。炉ごとに一人の監督がつき、火の様子や鉄の成分などを調整した。木炭を黒山から溶鉱炉のある紅山に運ぶためにも、多くの労働者を必要とした。一つの炉につき百数十人、もし鉄廠に炉が六、七基あれば、職人と労働者とを合わせて一〇〇〇人を下ることはない。

木廠や鉄廠に資本を投下したのは、山麓の都市に拠点を置いた外来の商人、いわゆる〈客商〉だ。出先の商人の背後には、漢口(武漢三鎮の一つ)を中心とする資金と商品の流れがあった。商人は山地での廠経営に魅力があったから、投資する。もし少しでも算盤が合わなくなれば、資金は潮が退くように引き上げられる。秦嶺山脈で大量の労働者を必要とする林業・製鉄業が採算がとれた理由は、安価な食料が供給され、賃金を低く押さえることができたところに求められる。そして安価な食料こそ、トウモロコシだった。

廠で働く労働者も、トウモロコシを栽培する農民も、安徽省や湖南省、江西省などから流入した外来者だった。彼らは定住せず、簡単な小屋掛けをして雨露をしのいだために、〈棚民《ほうみん》〉と呼ばれた。〈棚〉とは筵で囲った粗末な小屋のことだ。

外来者は在地の地主から土地を借りて山地の経営権を得る。まず最初に樹木を伐採して搬出し、キクラゲを栽培する。傾斜地が更地になると、トウモロコシの栽培に入る。土地を借りたときに先払いした敷金をできるだけ早く回収しようと、栽培の方法は略奪的になった。地中から切り株を掘り出し、焼いて灰にして散布する。肥料は追加せず、傾斜地を裸にしたために土壌が流失、三、四年で地力が衰えたら別の土地に借り換える。こうして棚民が開墾したあとには禿げ山だけがのこることとなった。

こうした経営がいつまでも続くはずはない。崩壊は十八世紀末に訪れた。新たに開墾できる土地が少なくなり、トウモロコシ生産量が落ち込み始め、価格が上昇した。廠で働く人々は生活が立ち行かなくなり、賃上げを求める。大量の労働力が支えていた廠の採算が悪化し、投資先としての魅力が減じ、資本が引き上げ始める。廠が一斉に閉鎖、労働者は働き口を失った。

外来の棚民は、相互扶助のより所を白蓮教という宗教に求めていた。失業者を大量に抱えたこの宗教結社は、しだいに先鋭になり、嘉慶白蓮教叛乱と総称される一連の行動を起こす。この叛乱は繁栄を極めた清朝の屋台骨を揺るがし、時代は混乱と動乱の清末へと展開していくことになる。

シイタケと山林

雲貴高原でも十八世紀後半から森林破壊が進行する。雲南の山間地域では銅山の開発にともない、精錬に大量の木炭が消費された。十九世紀なかばになると森林資源が枯渇して木炭の価格が上昇した結果、清末に雲南の銅鉱山の多くが衰退した。山奥の山林を荒廃させた元凶には、銅の他にシイタケも数え上げられる。中国少数民族史の研究者の武内房司氏の研究(「清代雲南焼畑民の反乱——一八二〇年永北リス族蜂起を中心に」『洵沫集』七、一九九二年)に基づいて、雲南の西北地域の事例を紹介しておこう。

十八世紀ごろまでは、樹林の枯れ木に自然と生えたシイタケを夏から秋に採取して市に出していた。ところが十九世紀の二〇年代ごろから新しい方法が導入される。

同時代の史料には次のようにある。「近年は呉越(江南地域)から来たものが樹林を借りる。ふた抱えもある大樹を切り倒して枝を払い、幹に斧で数十の穴をうがち、きめの細かい灰と土とを穴に詰めておく。古いシイタケを粉末にしたものと冷えた粥とをかき混ぜ、穴の一つ一つに少しずつ押し込み、枝葉をかぶせて日に当たらないようする。二、三年を経て春の雨が降ったあと、わずかに数十束のシイタケが生じ、四、五年もするとみっちりと生え始め、木全体に数千もの株が鈴なりとなる。山が最盛期を迎えてから十数年後になると、樹木は朽ち果て山は禿げ山となってしまう。……商人はシイタケを呉越に運び大儲けする」。

外地からの流入者は、山の生態系を変容させた。その影響をもっとも深刻に受けたのは、焼畑と狩猟を生業にしていたリス族だった。男たちはフェルトの服を身にまとい、弓を手にして森に入って狩をもっぱらとした。女たちは麻の衣を巻き、ソバやヒエを焼畑で栽培した。漢族の残した記録では

「喜んで懸崖絶壁に住み、山を開墾して地を耕し、土地がやせたら移住し居所が定まらない」とある。

リス族の焼畑と漢族移入民の農業とでは、数年間耕作したのちに放棄して他に移動するという点で共通している。しかし、いくつかの点で大きな相違が見られる。まず、焼畑では樹林に火を放ち灰にするが、木の根を抜くことはしない。そのために焼かれた株から枝が立ち、樹林の再生が速く進む。また多様な作物を混植する。雲南西北部の場合はアワ、ソバ、ヒエなどの穀物、アサなどの繊維作物、タバコ、ウルシなどの経済作物などが栽培されていた。そして最大の相違点は、焼畑では十数年間の休耕期間を置き、再び樹林が再生したころにおなじ場所で焼畑を開くということだ。伝統的なサイクルが守られていれば、樹林が荒廃するということはない。

森林破壊の元凶として、先住民族の焼畑がやり玉に挙がることがある。最近は研究が進み、樹林の再生を織り込んだ焼畑は植生を破壊しないことが明らかにされている。しかし、移入民が行なっていたような山林を荒廃させてしまう農耕も、森に火を放つことで「焼畑」と呼ばれることがあり、しばしば混乱を招く。両者を区別するために、サイクルを持たない農耕を「焼払い」と呼ぼうという案もある(提唱者は、宮崎県綾町が照葉樹林の里として町おこしをするときに仕掛人となった河野耕三氏)。

リス族の地域に流入した漢族移住民は、まず農業労働者として山地に入る。わずかな元手を蓄えると、それを敷金に充てて少数民族の地主から土地の使用権を借りる。粗食に耐え、そのときどきで最も経済的に有利な作物を栽培し、商品として売りに出して利益を上げる。その一つが、シイタケだった。江南での食へのこだわりが、乾燥したシイタケを高級食材の地位に押し上げ、商品価値を高めたのだ。

手元にまとまった資本ができると、移住民は少数民族に日割り月割りで貸し出し、抵当として土地や家屋を入手する。移住民のシイタケ栽培などが山を荒廃させると、広大な切り替え地を必要とする焼畑は立ち行かなくなり、獲物の多い狩り場も狭められて行く。こうしてリス族の生活基盤そのものが、切り崩された。漢族移住民に対する不信感を強めたリス族は、一八二〇年についに蜂起した。

シイタケ栽培と聞くと、以前の私などは雑木林の下で寒冷紗をかぶせられた情景を思い浮かべ、山仕事の一つだから山林と共存する産業なのだと思い込んでいた。しかし、森林に興味を持って山を歩いていると、そう単純ではないことに気づかされる。山中で立派な広葉樹林を丸裸にしているところに行き会うことがあった。作業をしている人に尋ねると、広葉樹の林は役立たずなので、スギ、ヒノキの植林にする、伐られた木材はシイタケのほだぎとして売るのだ、との答え。キノコは山の産物だから自然にやさしい、こんな思いこみは危険だ。山の産物も地域外へと持ち出されるようになると、しばしば生態系に破壊的な作用をもたらすことがあるのだ。

生態経済学の試み

一九九一年の夏、中国の環境問題を専攻する深尾さん、緑化を目的とする市民団体を組織しようとしていた佐野さんとともに、雲南の昆明に赴き生態経済学会を訪ねた。この学会は、中国科学協会に属する民間の学術団体で、地域の生態系に適合した経済の仕組みを理論的に解明し、農業・林業・牧畜業などを複合させる方法を模索している。

学会の事務所で説明を受けているときに、生態経済林、という言葉が出てきた。たとえばバナナの下にチャを植えたり、ウメとサンショウとを組み合わせた林のことで、農民が利益を上げながら林を維持する仕組みだという。人口密度が高い中国では、保全林といった形で自然を保護するために農民を排除することは不可能だ。農民が参加するなかで林を造り、保っていくしか道はない。説明をしていた雲南生態経済学会のスタッフが一息入れたとき、佐野さんは、このような栽培方法はコンパニオン－プラントと呼ばれる、日本ではほとんど研究している人がいない、と補足してくれた。教科書的な説明を加えるならば「共生栽培とも呼ばれ、科の異なる野菜や果物を相互に植えて互いの個性を引き出す栽培法」ということになる。

できればその現場を見てみたいものだ、と思っていたところ、翌朝さっそく昆明の北に位置する元謀に行きましょう、ということになった。

元謀を中心とする盆地は、長江の主要な支流の一つ金沙江に臨む。十八世紀にさかのぼる森林破壊の結果、周囲の山々はほとんど禿げ山となり、雨が降るたびに大量の土砂を流失させている。長江の黄河化、つまり長江が上流部で泥を含んで黄濁することを少しでも防ごうと、森林再生が試みられているものの、内陸の盆地では降水量が少なく、緑化は困難を極めていると聞いていた。このような土地でどのような方法が模索されているのか、ぜひとも眼で確かめたかった。

昆明を車で出発し、北西に進むと山地に入る。樹木はほとんど生えておらず、石灰質の大地の骨が、いたるところでむき出しになっている。その後、車は午前いっぱいをかけていくつもの盆地を越えて、最後の峠にさしかかった。服装からイ族だと判る人が、キノコを籠に入れて行き交っている。これまでにないほどに樹木が多い。やはり漢族地区よりも少数民族地区の方が、自然が残っているように見受けられた。峠を越えると、元謀盆地を見渡せた。周囲には案の定、ほとんど樹林を認めることができない。

翌日、麻柳ダムに向かった。このダムは生態ダムと呼ばれている。その理由を説明しましょう、と出迎えてくれた責任者の全さんが、事務所で話し始めた。林業をこれまで専攻していたというその人は、実務的で気さくな人柄と見受けられた。

ダムは降水量が少ない元謀で緑化を進める鍵だという。ダムの水で緑化を進め、緑化が進むことでダムに土砂が流入しなくなる。ダム建設と緑化とがセットになっている。そこまで説明してから、それでは、とダム周辺の緑化の現場を案内する。ダム湖を見下ろせる丘の一画が耕されて、その片隅で一〇人ほど農民が休息していた。全さんは、まだ種を播いていないのかと、農民の一人に話しかけていた。

ここにはツル性のマメ科の草を植え、水土流失を抑える。マメ科の植物は土壌を肥やす。数年後にはブドウなどの経済性のある果樹を植林することになっている。緑化のはじめは緑化地区の外に住んでいる農民を雇って作業し、果樹などが軌道に乗って利益が上がるようになったら、請け負わせて管理させることになる。全さんの説明には、熱がこもっていた。

ふと眼を転じると、数軒の廃屋があった。レンガ造りなので廃墟といった雰囲気を漂わせている。緑化を進めるために、そこに住んでいた村人を立ち退かせたのだ。これでは地域に住んでいる農民たちの主体性を引き出すことは難しいのではないか、と感じた。作業をしている人も、雇われたから言われたことだけを行うといった様子のように思われた。

照葉樹林文化論の功罪

話は冒頭一九八五年の凱里での出来事に戻る。歌の持つ力を思い知らされた次の日、香炉山での歌垣を見に日本から来ていた「照葉樹林文化の源流をたずねる」と銘打ったツアー団に、私も便乗させてもらい、ミャオ族の村に赴いた。川の湾曲部に位置する村は遠目には美しい山村なのだが、近づいてみると河水が黒く泡が浮いている。同行した中国人通訳にその理由を聞くと、五〇年代なかばに上流にパルプ工場が設けられ、近くの木材を原料に製紙を行うようになってから黒くなったのだという。

川を渡って村の入り口にたどり着くと、人々がツアー団を待っていた。数人の娘は銀細工の装身具を身につけ正装している。ミャオ族の風俗について簡単な説明を受けたあと、私はツアー団のメンバーと分かれて村内を散策した。

その団は中国西南少数民族の民俗を研究していると自称する人物を団長として戴き、服装研究家や染色研究家、藍染め家といった人々で構成されていた。私が歩いていたら、立派な農家の前で団長と出会った。いろいろと説明してくれるのはよかったのだが、「こうした村を参観するときの秘訣は、

黒い川．上の写真では川の色が判然としないが，実際は墨を流したように黒く，白い泡が一面に浮いている．ミャオ族の少女が素足で川を渡る．（撮影：筆者，1985 年）

一気に見て回り、村人が不審がり始めないうちに引き上げることですよ」というのには驚き、あきれてしまった。そのときには団長は、すでに農家に勝手に上がり込んで何枚も写真を撮っていたようだ。

ある団員は少数民族の衣装を研究しているのだと称して、ミャオ族の未婚女性の衣装をひと揃い購入しようと交渉している。村人が女性は一人一セットしか持っていないので、売るようなものはないといって断っているのを、通訳を介して、小さくなってしまって着られなくなってしまったものはないか、一〇〇〇元出すからなどといっていた。貴州、雲南の少数民族の文化は日本古来の文化と共通しているなどと照葉樹林文化論が主張したばかりに、現地の人々に多大な迷惑を掛けているんじゃないか、と思えてきた。

「照葉樹林文化」という言葉は、植物生態学上の概念に「文化」を加えることによって造られている。照葉樹林は常緑のカシ類を中心に、タブノキ、クスノキ、さらにツバキ、チャなどから構成される樹林で、アジアではヒマラヤ南麓のアッサム地域から、東南アジア北部の山地、雲貴高原、長江流域を経て日本列島西部まで広がっている。この地域には文化的な共通点が多い、というのがこの文化論の骨子だ。照葉樹林帯で生活している諸民族は、焼畑を行いモチモチした食物を好み、チャ、シソなどを日常的に用いているとされ、さらには神話・伝説あるいは歌垣などの慣習などにも共通点が多いという。

学問的な仮説としては興味深く、また日本国内で議論している分には害は無かろう。ときには時代遅れだと見捨て去られようとしているものに、新しい光を当てるきっかけを与えてくれることもある。たとえば宮崎県綾町は、照葉樹林文化論を梃子の支点として用い、役立たずの広葉樹林と思われていた急峻な山にプラスの価値を与え、みごと町おこしに成功してしまった。

ところがこの文化論に魅入られて少数民族のところに行くと、えてして日本文化と共通する文化要素ばかりに眼が行きがちになり、歴史のなかで生きてきた人々の営為が見落とされてしまう。照葉樹林に生きている人は、日本文化の源流を保存するために生活しているわけではない。私たちと同じ時代を生きているのに。

ツアーの一行は、村の前の川が黒く濁っていたことに気づいていただろうか。同行してくれた通訳は、色は付いているが農業に用いても害はないのだと、私に説明してくれた。しかし、あとで他の人から耳にした話では、村の前の川で毎日のように遊んでいる子どもに、眼の病が多いということだった。

II　黄土高原

第一章　歴　史

緑　化

大学の教員として中国の歴史を教えているなかで、「中国の森林被覆面積はどのくらいあると思うか」と学生たちに問いかけることがある。参考までにと日本の国土に占める森林の比率は六七パーセント、世界の平均が二二パーセントであると教えてから、中国はどれくらいかと尋ねてみると、四〇パーセントぐらいではないか、世界平均よりも少し多い三〇パーセント程度だろう、などと答える学生が多い。答えは一二パーセントだというと、意外そうな顔をする。

数年前に漢方薬のテレビ広告で、緑に覆われた万里の長城を背景に漢方薬の自然な作用を訴え掛ける映像が放映されていた。どうも日本人のあいだには、欧米は人工、アジアは自然という固定観念があるようで、学生たちも中国と聞くと豊かな自然をつい思い浮かべてしまうようだ。

中国政府が公表した数値が一二パーセント、実際には八パーセント程度ではないかと見積もられているほど、中国には森林が少ない。そのうえ八〇年代に入ってからは、経済成長とともに伐採量も増え、一つの推定ではあるが、二〇〇〇年には森林の七〇パーセントで成木が完全に消滅するともいわれている。そうなると中国には植えたばかりの幼樹の林しか見られなくなるのだ、その林には多様な生き物もいない。中国政府も緑化の重要性は認識しているのではあるが、植林の達成目標の数値を国から省へ、省から市へ、そして市から県へと割り算をしながら押しつけることが多く、植えたとしても根づくのは三割程度。緑化の必要性を地域の住民が理解していないために、根づいたばかりの林に羊などを放ち、枯れさせてしまうこともある。中国には森林と呼べるような緑はなくなりつつある。

多少なりとも中国に関わるのであれば、その困難を解決することに少しでも貢献できたら、と考えてきた。たまたま創立のころから関わりをもっていた「緑の地球ネットワーク」という民間公益団体が、中国の山西省の黄土高原で植林に取り組んでいる。毎年春と夏、日本から十数名の団を組んでワーキングツアーと称して現地に赴き、現地で暮らしている人と力を合わせて木を植え続けてきた。一九九五年の夏、はじめてそのツアーに参加したのを皮切りとして、私は毎年のように黄土高原に赴いている。木を植えながら歴史を見直す、これはけっこうスリリングな経験だ。

河から黄河へ

中国で代表的な河川の名前を挙げよといったら、まず最初に出てくるものは「黄河」だろう。文字どおり「黄色い河」だからそう呼ばれてきた河川なのだが、実はこの名称が固定したのは前漢の初頭ごろのこと。それ以前は、ただ「河」と呼ばれていたという。

白川静氏によると、「河」は「水+可」ではなく、もとの字形では「水+丁」であり、「丁」は木の

ワーキングツアーの一コマ．陽高県守口堡にて．背後に連なるのは万里の長城と煙火台．山を越えると，そこはモンゴルの草原地帯となる．(撮影：筆者，1996 年)

枝のかたちを示しているのだそうだ。河の神を古代の人々が祭るときに、森から木の枝を伐り出してきて用いていた、だから水の脇に木の枝を添えて文字を造った。こうした学説を読むと、漢字の起源になった甲骨文字が生まれた殷の時代（前一六〇〇年ごろ）、黄河の両岸に鬱蒼とした森林があったのではないか、と私などは想像してしまう。川は森を養い、森は川を支える。河川と森林との深い関係を、古代の中国人は認識していたのではないか、そんな想像をもめぐらせてしまう。

「河」が「黄河」と呼ばれるようになった理由は、いくつか考えられる。殷やそののちの周の時代には、漢字を持つ文明が知る世界は狭く、今の黄河は「河」、淮河は「淮」、あるいは「漢水」は「漢」と、一つの河川に一つの文字を当てるだけで十分だったものが、次第に地理の知識が増えるに従って、河川の一本一本にそれぞれ漢字を作っていくのが面倒になった。河川の名称を複数の漢字を組み合わせて表記すれば、すでにある漢字でことは足りる。その河川の特徴を示す文字に「河」とか「江」という文字とを合わせれば、特定の河川を指示できることになる。

もう一つの理由、これは史念海という中国の歴史地理学者が述べている仮説だが、戦国時代のおわりごろ(前三世紀)、それまで黄色くなかった「河」が、まさに「黄」色に染まったために、「黄河」という組み合わせが成立したのだというものだ。

現在の山西省の南西部、汾河と黄河との合流点ちかくに魏という国があった。そこで歌われた歌謡に「伐檀」という表題が付されたものがあり、『詩経』に収められている。その冒頭を掲げてみよう。

坎坎伐檀兮　カンカンとエノキを伐る
寘之河之干兮　これを河のほとりに置く
河水清且漣猗　河水清くして且つ波立つ

ここで「檀」とあるのはエノキだと推定される。この歌を読むと、斧で伐採し今の黄河のほとりに置く作業をしていると、目の前には河の水は澄みきって波立っているという情景が浮かんでくる。

のちの道学者は「黄河」が清いわけはないという思い込みから、現実にあり得ないことを描くことで現世の不条理を批判しているのだと解釈する。たとえば伝統的な解釈に基づく吉川幸次郎氏の訳では、「かあんかあんと檀の木を伐って、それを黄河の岸におく。いつまでつづくか貧乏ぐらし。永久ににごった黄河の水、さても黄河の水がきれいにすんで波が立つ。そうした時世が待たれるわい」となる。はたしてそこまで屈折した解釈が成り立つかどうか。おそらく周の時代には本当に黄河の水は清かったと考えた方がよいと、私は素直に読んでおきたい。

もしこの私の解釈が正しいならば、「河」はなぜ「黄河」になってしまったのか。しばらく史念海氏の説を紹介していこう(史念海ほか『黄土高原森林与草原的変遷』陝西人民出版社、一九八五年)。

卉木萋萋

『詩経』「小雅」には、今から二五〇〇年ほど前の黄土高原の様子を描いた歌が収められている。それには、

春日遅遅　　春の太陽ほかほかと
卉木萋萋　　草や木はあおく茂っている
倉庚喈喈　　ウグイスの声は穏やかに
采蘩祁祁　　ヨモギをたっぷり摘み取ろう
執訊獲醜　　敵の兵をひっとらえ

薄言還帰　　いまぞ国に帰還せん

とある。右に引用した歌は、「出車」という名の付いたもので、黄土高原を中心に生活していた遊牧の民を征伐に出かける周の王の姿を描いたもの。おそらく王室での宴会の席で、王の業績を称えるために歌われたのであろう。ちなみに「車」とは、馬で牽かせる戦車のことだ。

周王朝が成立したころ、その根拠地だった関中盆地の西部は「周原」と呼ばれ、人の手が加わる前には落葉広葉樹の森林が広がっていたと考えられる。周の人々はこの地を開墾し、農業地域に変貌させた。人が現れる前から森林が営々と造ってきた豊かな土壌は、農耕するものに多くの実りを与えた。農地のあいだにわずかに残された草原で、ヒツジなども放牧され、周囲には王侯貴族が狩猟を行う森林が保全されていた。考古学の発掘現場からは、森林で生息する動物の骨が発見されることもあり、当時の生態学的な環境を知る手がかりを与えてくれる。

黄土高原の奥に少し入ると、そこはもう遊牧民の世界だ。周から鬼方・昆夷・玁允などの蔑称で呼ばれた人々が、山のふもとに広がる草原で遊牧生活を営んでいた。このあたりの気候は夏に雨が集中し、草が生い茂る春先には乾燥がきびしい。山が樹林に覆われていると、木々の根元に蓄えられた水分が徐々に山麓にしみ出し、泉としてわき出す。草が芽生える春にも十分な水が供給されるため、山の周囲は豊かな草原となり、格好の遊牧の拠点となった。

周はしばしば遊牧民の侵入を受け、また周も戦車を駆って黄土高原に踏み込んだ。「出車」の歌からは、当時のいくさの様子がわかる。周の王が率いる軍団は、春に出かけた。周の王室が置かれた関中盆地から黄土高原に兵を進めると、あたりは一面の緑。小高いところにはチョウセンヤマナラシ、シラカバ、クヌギなどの落葉広葉樹、コノテガシワ、ビャクシンなどの針葉樹が茂り、平坦なところには草原が広がっていたと想像される。周と対抗した遊牧民は、いまの延安などの地において、山のふもとの草原でヒツジなどを放牧していた。当時、黄土高原は平坦な大地であり、まだ浸食谷はほとんど存在していなかった。そのことは、他の歌からも窺われる。

紀元前七〇〇年くらいの周の時代、黄土高原の東南部、現在の山西省の南部に唐という国があった。その国に歌われていた歌謡には「山にアキニレあり、沢にニレあり、……山にヌルデあり、沢にアハギあり、……山にウルシあり、沢にクリあり」などとさまざまな樹木の名前が詠み込まれている。また黄土高原の西南部には、秦という国があった。そこの歌にも「山にはクヌギ、沢にはマユミ、……山にはスモモ、沢にはヤマナシ」と見える。

「山には何々、沢には何々」という表現は『詩経』によく見られるもので、あるべきところにふさわしいものがあるということを提示するものであるといわれる。しかし、単なる決まり文句ではなく、こうした歌を謳いあげる人々が見ていた景観に、こうした木々が茂っていたからこそ、人々のイメージに働きかける力を持っていたと思われる。

黄土高原の生態系に最も適合した生業形態は、遊牧ということになる。遊牧民は季節の変化を読み取りながら、草原を移動する。ヒツジに草を食べさせ食い尽くさないうちに次の草原へと移動する。

草原は定期的に刈り取られることで、光を浴び春が訪れるたびに新緑を茂らせる。煮炊きに使う燃料は、家畜の糞。森を破壊することもない。ときには樹林が茂る山林に分け入り、鷹狩りなどの狩猟をしただろう。山林と草原とは遊牧民の生活を支え、遊牧民が飼う家畜は草原の更新を促進する。これは生態系と社会との永続的な、バランスの取れた関係だと思われる。

しかし、農耕の技術をもった周の人々は、遊牧民を草原から追い出しては開墾し、次第に農地を増やしていった。耕地が手狭になると、次は丘陵地の森林を伐採した。黄土高原の森林と草原が姿を消すにしたがって、土砂の流出量も増え始め、「河」は黄色くなってゆく。周を支えた周原は、当初、広大な平原だったはずだ。だから「原」と呼ばれた。しかし、森林という覆いを失った大地は、雨が降るたびに黄色い血を流すように黄砂を流失させ、はじめは跨ぐこともできた小さな溝がしだいに深くなり、平原を切り裂くようになった。

二つの伐採跡地

千葉県流山の市野谷で開かれた自然観察会に参加したとき、黄土高原の歴史を想起させる光景にぶつかった。

市野谷は、関東で残された数少ないオオタカの生息地。そこで、大空の遠くに私たち一行の様子を窺うかのように旋回するオオタカの姿を見ることができたことも印象的ではあったが、しかし、それよりも深く心に刻まれた光景は、ふたつの隣り合わせの伐採跡地。二年ほど前のある日、今回案内していただいた田中さんが行ってみると、雑木林の一角が伐採されて土がむき出しになっている光景にぶつかった、そのときは愕然として力が抜ける思いがしたという。

一方の北側の更地は伐採されたままに、クヌギなどの切り株が無惨に点在する姿となったのに対し、他の南側の土地では土が掘り起こされて表土が地中に鋤き込まれ畑に姿を変えていた。このふたつの伐採跡地は、私たちが訪れたときに、まったく異なる姿を見せていた。

北側の跡地では、残された切り株のそれぞれから枝が立ち上がり、ふり注ぐ太陽の光を我先に浴びようと競いながら背伸びをし始め、株のあいだには多種多様な草花が茂り始めていたのだ。そのなかにはセンブリも混じっていた。田中さんの説明によると、遠く信州で見かけたことはあるが、関東ではまずお目にかかれない薬草だという。なぜ流山の雑木林の伐採跡地に姿を見せたのか、考えてみると不思議だ。種子が永いあいだ眠っていたのであろうか、あるいは風か鳥に運ばれて何処からかもたらされたのだろうか。植物とは五感で付き合いなさいと、数年前に植物の専門家に教えられたことを思い出し、センブリの葉を少しちぎって噛み潰してみた。わずかな葉であるのに、口いっぱいに苦みが広がる。なるほど薬草なのだ、と納得がいった。

林は高木が伸びて樹冠が閉じると暗くなり、下草もほとんど生えなくなる。ところが人工的にであっても樹木を伐り払うと、地面にも太陽光線があたり無数の植物が一斉に茂り始める。柔らかな葉を求めて野ウサギも訪れ、そういった野ウサギを狙ってオオタカなどの猛禽類も現れる。人間の活動は自然と敵対するばかりではなく、限度をわきまえてさえいれば共存できることを教えてくれる。

北側の跡地でトンボを追いながら南の更地に向かうと、そこの様相はまったく異なっていた。切り株を掘り起こされ、表土を地中に埋められてしまった南側の跡地は、いつまでたっても野草の芽生えはなく、土をむき出しにしたままだった。周囲の藪から飛び出した野ウサギの足跡が、突然の開けた空間に驚いたのか、むき出しの土の上に駆け抜けるように残っていた。

以前、林学を大学院で学んでいる人に、こんな苦労話を伺ったことを思い出した。樹林の地表からサンプルとして採った縦・横二〇センチメートル、深さ五センチメートルの土のなかに、しいな(実の詰まっていない種子)を含めてではあるが、なんと一〇〇〇を越える数の種子があったのである。何十もある観察地点のサンプルを、これではとても数え切れないと、その人は困り果てていた。こうした種子のほとんどは芽生えることもできず、また芽生えたとしても樹林のなかでは光が不足して育つことがない。ただひたすら樹林が切り開かれて太陽光線が当たる機会を、じっと待っているのだ。

南側の更地の地表の土にも、おそらく同じくらい多くの種子が含まれていたに違いない。あるいはセンブリの種子もあったかも知れない。その何とも健気な種子たちを地中に埋めてしまう。「耕す」という作業は、植物を育てるための作業ではなく、人間にとって不必要な多種多様な植物の種子を殺すための作業なのだ。光が注げば芽吹こうとしている種子たちを、暗い土の下に埋葬する作業なのだ。申し訳程度に植えられているネギ畑の前にたたずんで、日の目を見ることのできなかった種子たちのことを思いやった。

さらに案内されて進むと、雑木林に隣接して変な窪地があった。かつてそこは、野鳥が水を求めて集まる池だった。ところが、私たちが訪れたときには、その池は干上がっていた。

雑木林が伐り開かれてネギ畑にされた途端、かつては冬でも涸れることのなかった池が、干上がってしまったという。森に降った雨水は、落ち葉の堆積したスポンジのような土壌に蓄えられ、樹木の根に抱きすくめられ、じわじわと沁み出す。森は自然のダムだといわれるのは、そのためだ。雑木林に囲まれた池に水が常にたたえられていたのも、小さな林のおかげだったのだ。

流山の名もない池で起きたことが、黄土高原でもあったと思われる。それも、とんでもない大きな規模で。今から二五〇〇年ほどさかのぼる周の時代、黄土高原には小高い丘陵地の森林から流れ出す大小さまざまな沢があり、小さな沼や池があった。こうした沼や池の周囲には、ニレなどの水辺の明るいところを好む樹木が茂っていたかも知れない。こうした水辺が、春秋戦国時代という中国史上屈指の高度経済成長の時期を経て、ほとんど消えてしまった。おそらく、戦争に勝つために各国が生産力を上げようと落葉広葉樹林を伐採し、黄土高原を「耕し」尽くした結果であろう。

森や沢や沼や池の消失は、内陸部で大気を潤していた水分補給源が消滅したことを意味する。こうして、黄土高原の乾燥化が、いっそう促進されてしまったのではないだろうか。中国の広大な黄土高原からすると、箱庭のような雑木林ではあるが、そこで私は森林破壊の歴史をフラッシュバックしたように、感知した。

雁北の変化

私が緑化協力のワーキングツアーで何度か訪ねたのは、黄土高原の一番のはずれ、山西省北部の大同市、伝統的には雁北と呼ばれた地域だ。中国山西省代県の北西にある句注山《こうちゅうさん》の別名が雁門、その北に広がる地域なので雁北となった。なお句注山は北に帰る雁が飛び越えられないほど高い山だったため穴を開けて通路としたという俗説にちなんで、雁門とあだ名されるようになったらしい。中国文明が黄河流域の生態系を激変させていた戦国時代、この地域は趙の国の影響下にあった。

『史記』「趙世家」を読むとまず冒頭に、趙氏の先は秦と祖を共にするとある。秦の来歴は遊牧民の系譜だった。だとすれば趙氏もまた、遊牧系ということになる。趙の祖先は陝西の原野で産する名馬を育てて周の王室に献上し、また王の御者として仕えた。趙氏が晋の重臣となったのは、祖先の一人・趙衰のときだ。のちに晋の文公となる重耳が北の遊牧民族のもとに亡命したとき、趙衰は最後まで付き従った。

これらの記述の背後には、趙氏が遊牧民として馬の飼育と扱いに秀で、中国文明のなかで活動していても遊牧民としての感性を失っていなかったことを伝えてくれる。重耳と遊牧社会との橋渡しをしたのが趙衰だったとも考えられる。

春秋から戦国への時代の転換は、前四〇三年に晋の重臣だった趙氏らが分離独立したことによって訪れる。これは単に下剋上の時代の到来ということだけではなく、周を中心とする礼の規範からはずれようとする遠心力、本書のプロローグで述べた「離」の力が強く働く時代が幕を開けたことを象徴する。もともと遊牧系だった趙の国は、遊牧的な文化を中心として中国文明を再編成する方向を模索し始めた。これは楚の国がやはり常緑広葉樹の森のなかで育まれた文化を軸として、新たな中国文明の覇者となろうとしたことと、対応している。

趙の国が遊牧文化を再評価することを明言した時期は、前三〇七年のこと。趙の武霊王は、遊牧民族の地域を開くためには、為政者が胡服(遊牧民族の服装)に改めることが必要だとの施政方針を出している。遊牧民の生活様式を積極的に導入し、馬車を使うのではなく馬にまたがり、人民を遊牧民的な機動性が発揮できるように編成し直そうとする構想だ。服装を改めることは、単に衣装を変えるだけではすまされない。立ち居振る舞いから始まって、衣食住の改変、経済体制の機軸の変更をも伴う。それは文明の観念そのものの変革を必要とする。

反対するものも多かった。武霊王は異議申し立てをするものに、次のように答えたとされる。「聖人は地域を観てそこに最も適したものを採用し、事情に応じて〈礼〉(社会秩序)を定めた。……中国は〈礼〉を同じくするけれども、〈教〉(社会秩序の具体的規範)は離れるものだ。まして山谷の都合に合わせた場合はなおさらだ」。

人倫は〈礼〉によって基礎づけられる。中国文明の根幹が、〈礼〉なのだ。武霊王の政策に反対するものは、遊牧民の風俗を取り入れると、〈礼〉からはずれ、文明から離脱することになると危惧し、批判した。これに対する武霊王の主張は、その〈礼〉の本質を保とうとするならば、それを実践するやり方は必ずしも画一的である必要はない、それぞれの地域に適合する形で運用すべきだというもの。黄土高原の生態系に適合した文明の形態を、武霊王が模索したのだ。

武霊王は引退してからほどなくして、趙国内部の抗争のために命を落とすことになる。これは「歴史のイフ」だが、もし彼に活躍する場が与えられたならば、あるいは遊牧民の文化を内包した中国文明が形成される可能性があったかも知れない。

麻黄

一九九五年のワーキングツアーでの最初の作業は、山西省の東北角の守口堡村での溝掘りであった。村から間近に臨む山の上には、万里の長城の煙火台を乾燥しきった青空を背景に見ることができる。あの山並みを越えれば、内モンゴルの平原が広がっている。この村は、中国農耕民の世界の最北端に位置していることになる。

作業を終えたあと、私たちは煙火台を目指して、山を登り始めた。山の斜面には石組みが点在し、樹木を植えようとして失敗したことが見て取れる。村民によれば二〇年ほど前に試みたが、根づかなかったという。さらに斜面を登り詰めると、版築法で突き固められた風化した長城にたどり着く。目的とした煙火台には亀裂が入り、そのあいだに身を押しつけるようにして上にでた。山を渡る風が汗を拭い去る。周囲の山々、丘々には長城が途切れながらも連なり、斜面は段に切られ、耕地が造成されている。足下の村の周囲にアンズなどの果樹が影を落としている以外、風景のなかに樹木をほとんど見いだせない。

視野に広がる大地は、遊牧民と農耕民とが帰属をめぐって争った土地だ。春秋時代には、白狄と総称される部族がこの地で遊牧を行っていた。戦国時代から秦代にかけては、農耕民が進出し、北の遊牧民を恐怖して長城を築いた。時代が下って四世紀ごろには遊牧の民である鮮卑が支配し、北魏の政権の基盤となった。この争いは民族の抗争であると見るよりも、生態系をめぐる対立であると理解すべきだろう。

遊牧民は森林と無関係であるかのように思われがちであるが、実は彼らの生活に欠くことのできない牧草地は、森林の周辺に形成される。山林で蓄えられた水分は徐々に平地へと流れだし、草原を生み出すからだ。山地に樹木がなくなれば、平地は乾燥し優れた牧草地も姿を消す。たとえば十三世紀にモンゴルが中国の懐深く兵馬を進めることができたのも、黄土高原にそびえている山のふもとに牧草地を確保できたからだという。農耕地のなかに島のように浮かんだ山麓の草地が、遊牧民の騎馬を養ったのだ。モンゴル帝国を研究する杉山正明氏は、こうした山のひとつである六盤山について「遊牧民の軍事力をささえとするモンゴル国家にとって、六盤山はあたかも中国本土の西北に浮かぶ巨大な天然の航空母艦のようなものであった」と表現する(杉山正明『大モンゴルの世界』角川書店、一九九二年)。

だから遊牧民の勢力がこの地を覆っていた時代には、山には森林が広がっていたことになる。四世紀ごろの太行山脈の北端にはマツの巨木が茂り、コノテガシワの樹林が広がっていた。大興二年(西暦三一九年)に豪雨が降ったとき、山地が崩れて河川にマツの巨木が流れ出したとの記載(『石勒載記』)もみられる。この状態は少なくとも十三世紀までは維持されていたようで、「山林が鬱蒼としている」

との記事が史料に散見される。

この地の森林破壊が急速に進んだ時期は、おそらく明代だったと思われる。十五世紀前半に、明の成祖・永楽帝は首都を北京に移した。中国の首都は前近代においては、世界最大の消費都市であり、周辺から膨大な森林資源を集中し蕩尽しつくす。明朝の統治者は木材を専門に扱う機関を設置した。永楽年間に北京で設けられた神木廠と大木廠で、その敷地内には大量の木材が積み上げられていた。太行山脈は北京への森林資源供給地となり、伐採は加速された。さらにモンゴル高原に退いた遊牧民の勢力の侵入を防ぐために、大同周辺に外長城、太原の近くに内長城という二重の長城を建設し、関所・土塁には軍隊を駐屯させた。この長城建設と軍営維持のために、周囲の灌木までもが刈り取られ、煮炊きのために燃やされた。

さらに十五世紀なかば、明の英宗の時代に、森林破壊は決定的なものになる。当時、モンゴル高原ではエセン＝ハンが指導するオイラートが勢力を増し、いわゆる土木の変(一四四九年)で英宗を捕虜としてしまった。英宗は送還されて天順帝として復帰するのだが、遊牧民に対する恐怖がつのり、防衛線の内側数百里(中国の一里は五〇〇メートルほど)を焼き尽くして不毛の荒野とし、もし遊牧民の兵馬が侵入しても水も牧草も得られない状態としようとしたといわれる。いま登っている煙火台は、明朝の恐怖心が生み出したものであり、先ほど作業した守口堡村は、その名前から関所を守る明代の軍営を起源としているものと思われる。

錯綜する歴史の重みに感じ入っていると、一行のひとりが「麻黄がある」と声を上げた。風化した

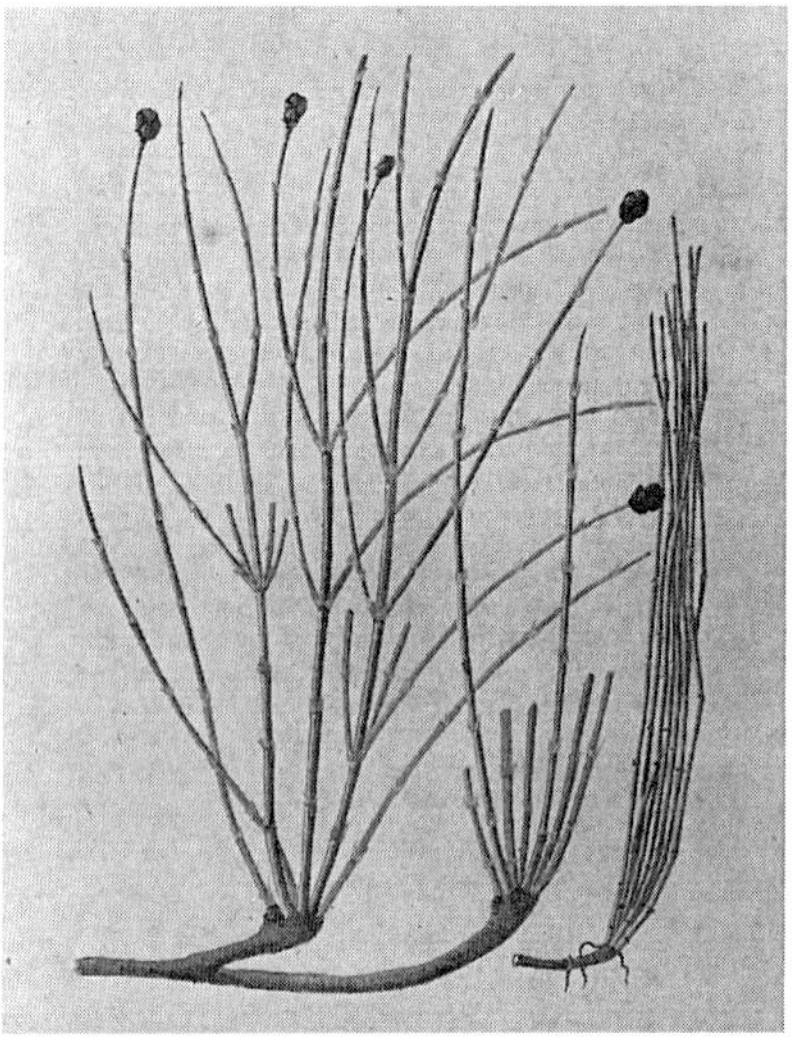

麻黄(Ephedra sinica).(『実用中草薬彩色図集』第三冊，広東科技出版社，1994年より)

煙火台の褐色の側面にしがみつくように、節をもったスギナのような、あるいは細いトクサのような植物が一株、小指の先ほどの赤い実をいくつも付けていた。ツアーの団長で植物の専門家である立花さんが、ことなげに「そのくらいの株だったら、二、三百年は経っている」という。麻黄は薬草で、毛沢東の晩年には、天然の麻黄を採取するために人が北京から山西省に派遣されたとの話がある。しかし一言でいうが、二、三百年だ。この麻黄は長城のうえから何を見てきたのであろうか。

九江竜母

ツアーの途中から降り始めた雨のなか、広霊県で水神堂と呼ばれる廟を参観した。案内をしてくれた老人が、水神堂にまつわる伝説を語ってくれた。

伝説によると、九江竜母がまだ人間であったころ、姑につくす嫁として、水を汲みに数里の道を通う毎日だった。ある日、観音菩薩が馬をひく老人の姿になって現れ、水を馬に飲ませたいと所望したところ、嫁は長い道のりを運んできた桶から馬に飲ませてやった。観音はお礼にと一本の古びた鞭を与え、水瓶のなかに入れるように、そうすれば自然に瓶に水が満ちると教えた。それからというもの、嫁は水を汲みに出て行かないのに、瓶には水が常にたたえられているようになった。

姑が不思議に思い、嫁が実家に戻っているすきに瓶のなかを覗いてみると、薄汚れた鞭が一本、底に沈んでいる。水を汚すと思いその鞭を庭先に捨てるや、にわかに水が大地から吹き出はじめ、あたりは洪水となってしまった。姑はあわてて嫁を呼び戻し、どうにかしてほしいと懇願すると、嫁は鞭を取り上げて瓶の上に立ち、水を止めた。水がひいたあと、泉が一つ残った。のちに人々はその嫁の像をつくり、泉の辺りに祠を建てて安置し、神として祭るようになった。その女神が九江竜母であり、その祠が水神堂であるという。

水神堂の境内の片隅に、雍正十一年、西暦でいえば一七三三年の年号を刻んだ石碑が立っている。この碑文を読む。その泉の水は甘く、県の人々は祠を「神水」と呼び慣わし、九江竜母を奉った。日照りのとき大水のときに祈ればすぐに応じてくれる。しかし惜しむらくは線香の火を絶やさないための費用を出すための資産がない。前任の知県(県の長官)のとき、川べりの土地をめぐって訴訟があった。その知県はその土地を取り上げて、神水堂の維持費を供出する資産とすると判決を下したという。日本でいうと、大岡裁きといったところか。土地を争っていた双方とも、霊験のある九江竜母に捧げることになるのであれば、と異存を申し立てることはせず、裁判はまるく収まったのだろう。毎年六月十三日は竜母生誕の日で、近隣在郷の民が演劇を奉納する。商人たちもみな集まり、その宴会はす

九江竜母「出宮図」．左端で坐っているのが竜母．図の右には水を満載した荷車が見える．（撮影：筆者，1995年）

こぶる盛んであったと碑文に見える。

　堂のなかに入ると、左右には壁画が描かれている。説明によれば原図は清代に描かれたもので、近年修復したという。向かって右は「出宮図」。九江竜母は九人の竜神を配下においており、雨を降らすときには神々を派遣する。図は九人の竜神がまさに出発するところであり、洗濯板のようなものを担いだ雷鳴の神、四つの目を持ち尺を手にして雨を降らす地区を画定する神、雨となる水を載せた車などが画面に配されている。神々の天空の世界の下には、小さく庶民の生活が描かれ、待望の雨を得たという喜びが表現されていた。傘をさしロバにまたがって実家へと戻る途中の嫁、農作業にいそしむ農夫な

壁画に見られる生活．実家に戻る嫁の姿．（撮影：筆者，1995年）

どの姿を見ることができる。向かって左手の壁画「帰宮図」では、雨を降らし終え、仕事を無事に果たしたという穏やかな表情をした神々が描かれている。行きには雨水を載せていた車は空になっていた。

伝説を聞いたり石碑を読んだり、また壁画を見たりすると、九江竜母への信仰がいかに篤いか、伝わってくる。この地の自然環境は、それほどに厳しい。

中国へのワーキングツアーに旅立つ直前に、一足先に現地に入っていた高見さん（「緑の地球ネットワーク」事務局長）によると、この年の山西省大同市周辺は、前年の夏からその年の六月下旬まで雨が降らず、一九五四年以来の記録的な旱魃だったという。例年ならばすでに人の背丈ほどには育っているトウモロコシも、場所によっては膝のあたりまでしか伸びておらず、天水に頼っている丘陵地の畑では、作物が芽吹いたのが六月末で、七月もなかばを過ぎてもアワが五センチメートルにしかなっていない。ところが七月十七日から十八日にかけて雨が降り、多いところでは二日間で一三〇ミリメートルに達した。大同地区の年間降水量が四〇〇ミリメートルほどであるから、一年の雨の三分の一がわずか二日のあいだに集中したことになる。ツアーで訪問を予定している天鎮県では、住居が崩れて死者が三名、そしてかなりの面積の耕地が流失したという。

「緑の地球ネットワーク」が緑化に取り組んでいる地域は、山西省大同市の山間丘陵部である。中国のなかでも極貧地区の一つに挙げられる。貧しさの最大の理由は、自然環境の厳しさにある。標高二〇〇〇メートル級の嶺が連なる太行山脈が南北に走り、北は内モンゴルの草原に連なる。山を西に下れば比較的肥沃な河北の平野が広がるのであるが、雨を含んだ雲は山脈に阻まれて山西省側の降水量は少ない。気候は乾燥し寒冷、地形は急峻である。山脈の西には風が運び堆積した黄土の高原が連なっているのであるが、永く人の手が加わる内に浸食が進み、夏に集中する雨にあうと畑ごと谷に崩れ去る。黄土は特殊な性格をもっているようで、乾燥していればコンクリートのように頑丈で強固なのであるが、いったん雨が降ると、水分は垂直に浸透し、あたかも分厚い壁を引き崩すように、あるいは氷河が海に崩れ落ちるように、上に畑を載せたままざっくりと浸食されるのである。

厳しい自然が悪循環を生み出す。単位面積当たりの農業生産量が低いために、農民は力を尽くして耕地を広げ、羊を飼ってきた。耕地を広げるなかでわずかな山林を伐採し、樹木のあいだに羊を放牧するために、山地は荒廃して保水能力を失い河川が涸れる。その結果、生産量はますます低下し、その不足を補おうとして人々はますます環境へ負担をかけてしまうのだ。中国の極貧地区は、自然と人間の歴史の産物であるともいえよう。

水神堂で降り続いていた雨は、黄土の道を車では通行できないほどのぬかるみに変えてしまった。その日は山間の村を訪問し、「緑の地球ネットワーク」が資金面で協力したポンプの据えつけに立ち会う予定であったのだが、その雨のために断念すると高見さんは一行に告げた。森林を失った地域において、雨は恵みであると同時に、ときに牙をむいて人に襲いかかる。蕭々と降る雨に当たりながら、私は九江竜母へ祈る人々の気持ちを思いやった。

大泉山村

一九九六年の春、私は再びワーキングツアーで黄土高原を訪ねた。三月末の黄土高原は、まだ春というには程遠い。朝、バスに乗り込むと、ツアーの通訳をかって出て同行してくれた王さんが、「凍っているよ」と一晩バスのなかに置きっぱなしにしていたお茶入れ用のガラス瓶を逆さまにして、驚いている。緑化のために植樹するとはいうものの、植えたアンズの苗に注いだ水は明け方の冷え込みに凍結し、根を痛めることだろう。植樹をするとはいっても、記念行事の意味あいが強い。

植樹を行った村の一つに、大泉山村があった。旅の途中で手に入れた『陽高県志』によると、この村は毛沢東の時代に脚光を浴び、「大泉山村に学ぼう」というキャンペーンが展開されたのだと記されている。その部分をかい摘んで訳出しておこう。

魚鱗坑.（撮影：筆者，1996年）

大泉山は陽高県の町から一二・五キロメートルのところに位置し、標高は一二〇〇メートルに達する。麓に奶奶廟《ナイナイ》があるが、山は荒れ果て、川も干上がっていたために、焼香する人もいなかった。一九三八年のある日、どこからともなく張鳳林という名の男が流れ流れて、この荒れた廟に住み着いた。彼は荒れ地を耕して生計を立て、畑が風沙に侵されたり洪水に流されないようにするために、環境を観察して〈谷坊〉〈魚鱗坑〉と呼ばれる方法を編み出し、山に降った雨水を有効に利用し、水土を保持することに成功した。

張の工夫にめどが付いた一九四五年、また一人、高進才という男がこの地に流れてきた。二人は共同して荒れ山を治める方法を改良し、大泉山を次第に緑に変えていった。かつては山柴（ホタルソウ）やヨモギすら生えなかった荒れ山は、ポプラなどに覆われるようになった。

中華人民共和国が成立すると、張と高とは近くの村の互助組(五〇年代初頭に政府の指導のもとで編成された農民組織)を指導して、水土流失を防いだ経験を広め、大泉村の周囲の山々でも緑化を行った。この成果は中央に報告されて毛沢東の認めるところとなり、一九五五年の十一月一日、毛主席の名で「看よ、大泉山が変わった様子を」という一文が全国に向けて発表された。そのため、全国から多くの視察団が、さらにはソ連の水土保持の専門家が、この大泉山村を訪れるようになり、高らも労働英雄に祭り上げられていった(郭海編『陽高県志』中国工人出版社、一九九三年)。

緑化と政治運動とが結びついたことは、村にとっては不幸であったかも知れない。六〇年代初頭に大泉山の事例を発見して報告書を出した人物が失脚すると、緑化そのものが等閑視されたこともあったらしい。

しかし、村の人々はこの歴史を誇りに思っていることは確かだ。村の入り口には、毛沢東の文章が掲げられ、大泉山の山頂には高の業績を称える碑刻が建てられている。毛沢東の文章には、こうある。

「一編のすばらしい文章を読み終わり、非常に嬉しく思う。このような典型的な例を得たからには、広く華北・西北および水土流失問題を抱えるあらゆる地方は、これを見習って自らの問題を解決できる。それも多くの時間を必要としない。三年、五年、七年、あるいはいま少しの時間をかければ十分である。肝要なことは、総合的な計画を立て、指導を強化することである。……」。

緑化をわずか七年程度で解決できると言い放つ毛沢東は、いかにも彼らしくせっかちだが、村人がこの言葉を今も大切にして緑化に努めているとするならば、死後になって毛の文章は生きてくることになろう。

植林作業を終え、農家で昼食をご馳走になったあと、私たちは村長に案内されて大泉山に登った。〈谷坊〉とあるのは何かと尋ねると、村長は谷間に築いた小さなダムで、雨が降ったときに水を溜めるのだという。それでは〈魚鱗坑〉というのは、と問いを重ねると、向かいの岡を指さした。そこには、直径一から二メートル程度の半円形のくぼみが、無数に穿たれていた。遠目にみると、魚鱗に見える。ここに水分を留め、樹木を植えるのだ。水土保持の問題は、山の上から順番に解決しなければならない、下から水利施設を造っても、上に手を加えていなければ大雨が降ったときに流されてしまうとのこと。経験に支えられた重みのある答えだった。

浸食谷

私が初めて黄土高原を訪れたのは一九九〇年、自ら進んでというよりも、人に連れられてといった感じの旅の途上であった。雁北から見ると西の方に離れた陝西省北部、陝北と呼ばれる黄土地帯で、腰鼓という威勢の良い太鼓踊り(映画『黄色い大地』で観ることができる)で知られる。その太鼓を聴きに行こうと、西安の街からチャーターしたマイクロバスに乗り、黄土高原に初めて入った。中国の南方で暮らしたことのある私には、黄土高原は貧しくて、乾燥していて、食べ物も不味いところだという先入観があり、人に促されなければ、おそらく訪れることはなかっただろう。

道路の混雑を避けようと真夜中に出発したバスは、延安に向けて突き進んだ。しばらくまどろんで

黄土を切り裂く浸食谷．山西省大同市．（撮影：筆者，1996 年）

いたら、バスが止まった。用を足すための休憩だという。バスを降り、暗黙の了解で女性は道路の右側、男性は左側に身を隠す。

寝ぼけた目には、満天の星。月に照らされ一本の道路がまっすぐに、これまで来た道、これから行く道と、地平線の彼方へと延びている。彼方に一台のトラックが、夜空にヘッドライトの光のすじを投げかけている。ああ、まっ平らの大地にいま立って、用を足しているのだ。明治時代から「支那浪人」などが憧れ続けた広大な大平原の真ん中にいるのだ、と感慨に浸った。ところが、これがとんでもない思い込みであることが、あとで分かった。

黄土高原奥地での旅を終え、同じバスで同じ道を戻った。ただ異なるのは、昼間に進んだということ。十日前に用を足したところを通過して、驚いた。大平原だと思って用を足したところのすぐ間際に、深さ二〇メートルはあろうかと思われる亀裂が走っていたのだ。黄土の台地が浸食され、崩れ落ちていた。あのときに浮かれて寝ぼけ眼で走り回ったら、その浸食谷に滑落したかも知れない。そう考えると、いまでもゾッとする。なにか感動することがあると、すぐにお調子者になる私なのだから、谷にスポッと落ちるという心配も、あながち杞憂とは言えない。

こうした亀裂が黄土高原を切り裂くようになったのは、ここ二〇〇〇年くらいの出来事だと思われる。あの夜、乾燥して冴えわたる星と月の光に浮かれ、見わたす限りの地平線に酔った私の足下で、闇の中にひそみ、こいつが走り回ったら呑みこんでやろうと口を開いて構えていた浸食谷は、中国の文明の繁栄が残したものなのだ。そこに足を踏み入れ絶命したら、このお調子者は、中国の歴史に喰われたことになる。くわばら、くわばら。

第二章　協　力

小老樹

黄土高原には小老樹《シャオラオシュ》と現地の人が呼ぶポプラの林がある、こんな話を聞かされ、一度、その場を訪ねてみたいと思った。

中国北部の山西省大同の周辺、雁北と呼ばれる土地にひろがる黄土高原は乾燥している。その地でも革命後に、緑化のためにポプラが盛んに植えられた時期があった。ポプラは成長が早いと見なされていたので植えられたが、密植されたポプラの苗木は、互いに地中のわずかな水分を奪い合い、二〇年を経ても、三〇年を経ても、やがて四〇年にもなろうとするにも拘わらず、ちぢこまったまま育たない。あたかも寒さに凍えた老人のように、小さく身をすくめたような樹木だ、ということで、地元の人に「小老樹」と呼ばれるようになったのだという。

いつまでたっても成長しない役立たず、と人には罵られながら、あの年間降水量四〇〇ミリの大地で枯れることなく生き続けているのだ、これは一目でも見ておきたいと思った。

小老樹との出会いは、意外と早く訪れた。

引き抜かれようとしている小老樹(ポプラ).
(撮影：筆者，1996年)

一九九六年三月の末のワーキングツアー。大阪から飛行機で北京に飛び、そこから列車で約七時間、山西省の東北角の大同に入ることができる。大同の街を朝、バスで出発して隣の陽高県に向かう道すがら、赤い旗を立てて作業している一群の人々を見かけた。どうも植林のための整地をしているらしい。

バスのなかの一行は、わらわらとバスを降りると、気負うことなく自然に、整地作業を進める一団のなかに入り、身ぶり手振りで手伝うことを示す。さっそくスコップを手渡され、溝を掘ったり、雨水を留めるための土盛りを造ったりし始めた。周囲を見回すと、高さがせいぜい三メートル、なかには人の背丈ほどの、黒い樹木が点在している。まだ春というには時期が早く、生気を感じさせない黒々とした木肌を寒気にさらしている。まっすぐに成長できないのか、曲がりくねったもの、根元から無数のひこばえを出しているもの、カミキリ虫の幼虫が入ったのか、幹を途中で断ち切られたもの、どれとして健やかなものがない。これが小老樹であった。

前の年の夏、この地にほど近い太行山脈のふもとの川筋の村で、ポプラの林を見たことを思い出した。そのポプラたちは、水をたんまりと吸い上げ、緑がかった樹肌を輝かせ、遠目でみると竹林のようだった。それと目の前にある樹木が、同じ種類だとは、信じられるものではない。

この整地作業は、大同市の皮革工場の職員による奉仕労働なのだという。もうこれ以上成長が望めない小老樹を引き抜いて、乾燥に強く、経済的な価値もあるマツに植え代えるのだという。抜いた小老樹は、太いものは炭坑の坑木として売り、小さなものは炭に焼いて羊肉のしゃぶしゃぶの店に卸し、さらに細いものは農家の焚付けになるのだという。四〇年ほど前に、北京に吹き寄せる黄砂を減らすため盛んに植えられたポプラの、成れの果ての姿である。

掘り起こされる小老樹は、すでに根元から一メートルくらいのところで断ち切られ、スコップで根元を掘られ、太い根は手斧で断たれようとしていた。ふとスコップについた土に目が吸い寄せられた。黄土高原の土はこんなに黒かったっけ。土を手にした。それは、黄土高原の微細な黄色い土ではなかった。日本の土のようには豊かではないが、確かにそれは腐葉土だ。この小老樹はただ細々と生きながらえていただけではなかったのだ。

毎年、きっと秋になるとわずかではあっても葉を落とし、静かに土壌を造っていたのだ。そのことに気づくと、小老樹がいとおしくなった。目を上げると、枯れ枝にカササギの巣。地面からわずかに四メートルばかりのところではあるが、小老樹はカササギの子育てと巣立ちを守ってきたのであろう。

作業を手伝う時間はさほどなかった。私たちは先を急がなければならない。皮革工場の人たちにスコップを返し、握手をしてバスに乗る。窓越しに掘り起こされようとする小老樹を見ながら、この乾燥した黄土高原で樹木が生きるとはどんなことなのだろうと考えた。楽ではない。その地に植えられたのは運命だった。できれば川辺に植えられたかっただろう。樹木には生える場所を選択することはできない。しかし、根づいたその場で、土地を変え鳥を呼び寄せることはできるのだ。

小老樹の林の跡に植えられたマツたちが、小老樹が造った腐葉土にしっかり根づき、小老樹が残していったものを精いっぱい吸収して育ってくれることを、祈らずにはいられなかった。

軽 石

乾燥地における緑化に、日本の常識は通用しない。私たちは暖かく日当たりのよいところに植物を植えようと思うものであるが、降水量が少ないところではこの感覚は裏切られる。一九九五年夏のツアーで太行山脈の奥に入ったとき、かなり標高が高いところでアブラマツの林を見かけた。この林は奇妙なことに尾根の北斜面にだけ広がっていて、南斜面には一本も生えていない。山地のふもとでは平均的な気温が高いために、せっかく降った天水もすぐに蒸発してしまうので、樹林が形成されるのは山の上であり、また山の南斜面は日当たりがよいために乾燥が進むので、樹木は積雪が比較的あとまで残る北斜面で成長するのである。今西錦司氏や吉良竜夫氏らの大興安嶺の探検報告書にも、樹林はまず山の北斜面に形成され、そののちに東、そして西斜面へと広がり、南斜面まで樹林に覆われることはまれであると述べられてあったことは、以前から読んでいたのであるが、稜線をはさんできっぱりと、樹林と草地とに分かれている光景を見て、はじめて得心がいった。自分の持っていた感覚とは、頼りないものである。

植林は春にするものだという常識も、太行山脈では通用しない。中国北部では春は乾燥が厳しく、植えてから水やりをできるところならともかく、山の上で春に植樹すれば枯死してしまう。雨は夏に集中して降るので、マツなどの植林は夏に行われることが多い。大同市の山区に位置する朱家窰頭の緑化指定地を参観したときには、七月中旬に移植したモンゴルマツの苗木と〈擰条〉と呼ばれるマメ科の灌木とが、一列おきに植えられて隊列をなしていた。隊列のあいだには溝が掘られ、雨が降れば天水を流さずに受け止められるようになっている。ツアーの団長の立花さんが、あともう一回、水を掛けてやれば根付くはずだという。案内をしてくれた緑化の責任者は、労力がかかりすぎて不可能なのだという。膝の高さにも達しない苗たちが育つか否かは、夏の天まかせなのである。

乾燥しているのだから水を掛けさえすれば、根付くのだという思い込みも、この黄土の大地では裏切られる。黄土は、西域の土が風で運ばれ太行山脈にぶつかって堆積したもので、風で吹き分けられた本当に微細な、直径〇・〇一ミリメートルぐらいの粒子のかたまりである。ここに水をかけたあと乾燥させると、黄土の粒子はまるでコンクリートのようにぎっちりと根のまわりに凝固し、植物の呼吸を妨げる。

ツアーの日程を終えて大同市のホテルに戻ってきた日、事務局長の高見さんがビニール袋を手にして、うれしそうにフロントから戻ってきた。袋に入っているものは、大同に近い火山で掘り出している軽石だそうだ。立花さんなどの植物の専門家の意見を聞いて、植樹のさいに土壌に空気を入れることの重用性を知り、ふと思い出したことが、大同の近郊に温泉が出るということであった。温泉があるならば火山があるはずだ、そこに行けばきっと軽石が手に入る。案の定、当地の人に問い合わせると、火山があり安価な軽石が手に入ることが明らかになった。そこから大同のホテル宛に、見本が届いたのである。さっそく立花さんと軽石を手にとり、もう少し細かく砕いた方がよいだろうなどと鳩首し相談していた。

現地では日本の感覚は通用しない。しかし、冷静に調べ検討すれば、方法はあるものなのである。窮すれば通ずとは、このようなことをいうのであろうか。

崩れたヤオトン

黄土高原での春耕。細かい黄砂が舞い上がっているのだろうか、天空の太陽は白っぽく霞んでいる。数日前に思いがけない積雪があり、土に浸透したわずかな水分を逃すまいと、三月の末に雁北の農村では、いっせいに耕作が始まった。ものの本によると、毎年この時期に黄土高原で農作業が始まると、黄砂が強い西風に乗って海を渡り、ハワイ島でも観測できるのだという。

耕牛が子牛を連れて褐色の畑にたたずみ、そのわきで日焼けした農夫がスコップにもたれ掛かって立っている。掘り起こしたトウモロコシの根を焼く煙が、郷愁をさそう香りを立ちこめさせている。視線を転じて見回すと、黄土が浸食谷に崩れ込んでいる。谷を挟んで遠い向かいの黄土の大地の上には、羊を追う老人がしゃがんでいる。

白茶けた空、褐色の土地、点在する羊は白く、北斜面のくぼみにわずかに残った雪も白い。ワーキングツアーの一行の一人が、哲学的ですね、と独りごちた。崖の上の老人はただ腹が減ったと思っているだけなのではないか、「哲学的」と「哲学」とでは雲泥の差があるな、と皮肉に考えてはみたものの、黄土高原の風景に私も見入っていた。

しかし、この静かな黄土高原は、土壌流失に苛まれている。浸食谷が耕地に迫り、おそらく次に雨が降れば、いま老人がしゃがんでいる辺りも、谷に崩れてしまうのだと頭をめぐらせると、いたたまれない想いに取り付かれる。

このツアーの前年(九五年)、雁北の黄土高原はおそらく今世紀最大という自然災害に見舞われた。春は大旱魃。その前の年(九四年)の秋からほとんど雨が降らず、九五年の年初から六月十七日までの降水量は、わずかに二二ミリメートル。あまりの乾燥のため、種蒔きをあきらめた土地も多く、植えたとしてもアワもトウモロコシもほとんど成長できないでいた。

そこへ夏に大水害が襲う。

七月中旬から九月上旬にかけて四回の大雨が降り、その降水量の合計は場所によっては六〇〇ミリメートルを越えた。通常の年間降水量の一・六倍ほどの雨が、短期間に集中したのだ。そのために、畑は谷に崩れ去ったり水没したりして失われ、一つの県の例を挙げると、壊滅した耕地は、全耕地の一四パーセントに及んでいる。

さらに農民にとどめをさすかのように、九月十日ごろに、早霜が襲う。九割以上の耕地が被害を受け、野菜やナタネは枯れ、ジャガイモは土のなかで腐った。おまけに雹まで降ったという。

乾燥した黄土高原では、大雨に対する備えが不足しがちだ。八月末から九月十三日ごろまでつづいた雨はジトジトと続くもので、梅雨の集中豪雨や秋の台風に慣れた日本人には、さほどのものとは感じられなかったかも知れない。しかし、淫雨は、黄土を用いて立てられたヤオトンと呼ばれる家屋の屋根から滲み入り、屋根を支えるアーチ型の壁面を犯す。黄土は乾燥していればコンクリートのように堅牢ではあるが、いったん水に犯されるともろくなる。アーチが重みを支えきれなくなったとき、ヤオトンは人々の生活を押しつぶして倒壊する。大同市の被害は、倒壊した住居一五万七八二九室、危険な住居一八万五四〇二室に及び、死者は一〇名前後、住む家を失った世帯は三万八八九六、その人口は一四万一三〇三人になると報告されている。

この日、白い春の光のなかをワーキングツアーの一行が訪ねた村は、陽高県張園村といい、昨年の大雨のために大きな被害を受けていた。三二戸、一三二人の小さな村で、その九五パーセントの住居が倒壊した。ほぼ壊滅だ。農業生産も平年の五割程度。

村長から説明を受けながら、崩れたヤオトンを見てまわった。白い漆喰が塗られた部屋の壁が外気に晒され、一抱えも二抱えもある黄土の塊が床に転がっている。レンガを張った正面だけが残ってい

崩れたヤオトン．（撮影：筆者，1966年）

るヤオトンは、さらに痛々しい。門の梁には「福寿斉隆」などと縁起のよい言葉が記された赤い紙が残っている。本来は七言ずつ門の脇の左右に貼られた対聯も風に引きちぎられて、いま読みとれる語句は、わずかに「□□江山、三春秀」のみ。昨年の春節(旧正月)のときに、その年の平安を祈願して貼られた言葉たちは、無念にも行き場を失っている。

村長の説明によると、県や郷の政府から一世帯あたり七〇〇〇元の援助があり、現在はもっと交通の便がよいところに村ごと移転が計画されているという。

ワーキングツアーを率いる高見さんの日誌から、村を訪ねたときの様子について引用させていただく。

「村をひとまわりして帰ってきたら、みんな村の子供たちや村の人たちに囲まれて、なにかをしたり筆談をしたりして、交流している。にぎやかな笑い声がして、声だけを聞いたときには水害の村にふさわしくないような気がしたが、日本の若い人たちと地元の子供たちの笑顔をみて、そんな懸念も吹っ飛んだ。こういう厳しいところ、厳しい時期だからこそ、笑いが必要なのだ」。

ここ数年、雁北に通っている高見さんは、農民の心理をよく理解している。黄土高原の農民は、誰の目にも不作が予想されるときでも、決して不作になるとはいわず、かえって縁起のいい話題を口にするのだという。口に出せば、それが現実になると信じているためだと、高見さんが教えてくれた。

この地域で唄われる民謡に、こんな一節がある。

靠着山呀、　山は近くにあるけれど
没柴焼。　煮炊きに使う柴はなし
十个年頭、　十の年を重ねれば
九年旱、　九年は日照りで
一年捞。　一年は大水

（郭海編『陽高県志』中国工人出版社、一九九三年）

こうした環境のなかで永い時代を経るなかで形作られてきた農民たちの、それは一つの生き方であろう。

アンズの木.（撮影：筆者，1996年）

アンズの木

ワープロに向かって文章をたたき込んでいる私の手元に、一齣のスライドがある。一九九六年の春に黄土高原での緑化ワーキングツアーに行った際に、撮ったものだ。平らな黄土の耕地の畝に根を下ろしているのは、一本のアンズの大樹。黒い枝がびっしりと広がり、春の訪れに感応して梢の末端まで生気を蓄えている。そのアンズの木の前に、肩まで来るような無骨なスコップを手にして、一人の華奢な女の子が立っている。彼女の名は、芝河子。ワーキングツアーに参加した日本の、当時十九歳の女性だ。

彼女を最初に見たのは、ワーキングツアーの集合場所になっていた関西国際空港で、彼女にとって初めての単独の海外旅行であったのか、羽田で預けた荷物が出てくるのを不安そうに待っていた。手にしっかりと握られた紙が、ツアー集合場所を記した案内だったように思われて、同じワーキングツアーに私も参加するのだと声を掛けようとした。しかし、緑化のために黄土高原に向かう人とはどうにも見えず、つい声を掛けそびれた。ツアーが始まってから機会を見つけ、あなたの名は韓国の詩人の金芝河《キムジハ》にちなんだものなの、と尋ねた。父親がその詩人が好きで付けた名で、よく学校の先生などから訊かれるのだ答えたあと、最近は金芝河は韓国で影が薄くなってしまったようです、と付け足した。何度となく同じ質問を受けてきたようだ。世代から推察するに、父親は学園闘争の時代に青春を過ごしたのではないか。ツアーのことは父親に教えてもらい、参加することにしたらしい。この四月に彼女は大学に入学して林学を勉強するのだという。

はじめの内は目立たなかった彼女が、途中で変わった。張園村という水害被災地を訪れたとき、通りかかったロバに乗せてもらった礼のつもりで撫でようとしたら、そのロバに甘嚙みされてしまった。指に包帯を巻いてもらいながらも、まだまだ帰りたくない、と言っている。そのころから、彼女のかぶっていた覆いが、すうっとはずれていったように思われる。ツアーに加わっていた植物学者の小川さんに次々と質問を重ねるようになり、黄土高原の農民には笑顔と身ぶりで語りかけるようになった。入学を予定している大学の林学科は日本でも有数の由緒を持っている、と小川さんに教えられたとき、彼女の顔が輝いたのが、傍目にも判った。

手元にあるこの写真を撮ったのは、そう、楊家庄村でアンズの苗木を植える作業を行った日だ。黄土を二〇センチも掘ると、その下はまだ凍結している。彼女も農夫から手渡されたスコップで格闘するが、冷たく硬い黄土を砕くことは難しい。農夫と役割を交替し、彼女は農夫が砕いた土をすくい上げる作業に専念していた。穴が五〇センチ程度になると、アンズの苗木を入れ、ぽそぽそになった黄土を詰める。まだ苗のためには早すぎる時節ではあるが、少しでも太陽に晒され暖まった土を入れてやりたい、そんな心遣いを作業のなかに見ることができた。植林用地の整地を終えた彼女は、畑の中央に枝を張ったアンズの大木に惹かれるようにその根元に歩み寄った。そのときに、この写真を撮ったのだ。

木の持ち主の話によると、このアンズの木は今は亡き先代が五〇年くらい前に植えたものだという。夏になると、たわわに実るアンズの木。在来の品種なので実は小さく酸っぱいため価格は低いが、この木がここに立っているおかげで、村人はこの地がアンズに適していることを確信している。だからここにアンズの苗木を植えることになったのだ。

ワーキングツアー中の日誌を読み返しながらスライドを眺めていると、不思議な感覚にとらわれる。父親が付けた名前を持つ女性と先代が植えた樹木とが、ひとつの写真に収まっている。世代を跨いで伝えられるものが交差する不思議、といったらよいのだろうか。

沙刺

一九九五年夏に太行山脈を訪ねたとき、印象に残った植物の一つに沙刺《サージ》というグミの仲間の灌木がある。乾燥に強く、棘を持つので羊などに喰われることがない。植林地の周囲に鉄条網を巡らせる感覚で、この沙刺を栽培することも行われている。夏には小指の先くらいの赤い実をつける。爪楊枝のような棘に気を付けて、その実を摘んで口に含むと、ほのかに甘くみずみずしい。雁北地区の特産品を紹介した本によると、この沙刺の実は豊富なビタミンやミネラルを含み、宇宙食の材料にもなったことがあるという。

春のワーキングツアーの締め括りとして、「緑の地球ネットワーク」が現地に開設した地球環境林センターを訪ねたところ、若手の研究スタッフが部屋で本を読んでいた。彼は植林の仕事に熱心だと、高見さんが紹介していた。中国現存種よりも大きな実をつける沙刺のロシア品種を、この地で試してみようと考えているという。

高見さんたちが描く未来の黄土高原の構図に、この沙刺も役割を与えられている。

普通の樹木の植林が困難な岩山に、この沙刺を植える。羊は入ることができないために、やがて下草が育ち、何十年かのうちに土壌が造られてくるだろう。実からしぼったジュースは特産品となるために、住民も沙刺の林を大切に見守るだろう。沙刺の実は野鳥がついばみ、周囲の山々に飛んで行き、糞とともに沙刺の種子を広げていく。さらに何十年かを経るうちに、黄土高原と太行山脈の多くの山々は、沙刺に覆われ、さらに何十年かを過ぎれば沙刺が守った土壌に、マツなどを植えることができるだろう。

遠い未来の話かもしれない。しかし、何事も始めなければ、始まらない。

咬芯虫

一九九六年、黄土高原でのワーキングツアーの日程もわずかになったためだろう、悔いを残したくはないと気が急《せ》いて、無理を承知で小老樹の林の前でバスを止めてくれと、わがままを言った。たまたまその場所は、バスを運転している馬さんの郷里からわずか一キロくらいのところで、馬さんは喜んで道路からはずれて林に入り、道とはいえない踏みあとを器用にたどって小老樹が並んでいる辺りで停車した。今年五十二歳になる馬さんも、七歳のときに、郷里の近くでポプラの植樹をしたのだという。単純に計算してみると四五年前ということになる。

小老樹の林の近くで、ポプラの苗木づくりの作業をしていた。小老樹の根元で切ると、下から芽生えが生じるのだという。これを大きくしてから苗として移植する。よく観ると切られた枝のところどころがかすかに膨れている。植物の専門家の小川房人さんが、そのなかに虫がいるはずだと折ってみせた。一センチあまりの黄色っぽいイモ虫だ。作業をしていた男たちの説明によると、〈ヤオシン＝チョン〉というそうだ。通訳さんは「咬星虫」という表記になるというが、あるいは「咬芯虫」つまり樹木の芯を喰う虫ではないだろうか。小川さん、食べてみて甘ければカミキリムシの幼虫だという。昨年の長雨で木が弱ったところに今年は晴天続きで、この虫が大発生したのだと男たちが説明してくれた。

小老樹の林を歩いていたツアーの一行も、この虫をいたるところで発見していた。四月には大学の林学科に進学する芝河子さんが、まず最初に咬芯虫を食べた。イモ虫をみると騒ぎだすのが女の子だとの偏見をもっていた私には、それは驚きであった。

母親が虫嫌いだったためか、私はこうした虫は得意ではない。しかし、何事も経験だと意を決し、虫を口に含んで奥歯で噛んだ。はじめは味がしない。神経を舌に集中していると、かすかな香りが舌先に残った。摘みたての山菜をかじったようなあっさりとした味といったら、それが一番近いかも知れない。ほのかではあるが、さわやかな味であった。

小川さんの話では、焼いた平たい石の上で転がして、ホクホクにしてから食べると、格段に旨いとのこと。虫を食べるのには多少の勇気はいるが、植物とは五感を動員してつき合わなければいけないと、自分にあらためていい聞かせた。

遠方の人

貧困とは何かという問いに答えることは、容易なことではない。少なくとも年収が何ドル以下であれば「貧困」だと決められるほど、簡単なことではない。しかし、中国の最貧困地域の一つに数え挙げられる黄土高原の村を訪ねて、おぼろげながら見えてきたことがある。貧困とは何かが欠乏しているという状態なのではなく、自壊する要素を含んだ生活のダイナミズムなのではないか、ということである。雁北の村々では、食料の欠乏が耕地の拡大をもたらし、耕地の拡大が森林破壊を激化させ、森林破壊が土壌流失の原因となり、そして土壌流失が食料の欠乏を招いていた。こういった様相は、この地の生活が自壊していくシステムであることを示す。生きていく過程のなかに、崩壊という要素

黄土高原での緑化協力．ワーキングツアーで訪れた日本人と村の人々とが，親善のために綱引きをした．人垣の向こうでは，まさに勝負が始まろうとしている．（撮影：筆者，1996 年）

をはらんでいるのである。

自然環境の破壊を伴う貧困のダイナミズムを断ち切ることは、その悪循環のなかに組み込まれている現地の人々だけの力では、どうにもならないところがある。これまで耕地を拡大し森林を破壊し続けていたために、森林再生の必要性に気づくことは困難であるし、もし再生しようと考える人が現れたとしても、樹林に関わる技術を持たない。また生活環境を高めるためには、なにがしかの資金が必要である。しかし、貧困は人々から資金を奪い取っているし、そのダイナミズムに囚われている人々から、社会的な信用も剝奪し、資金を獲得する機会すらも奪い取っている。貧困のダイナミズムを断ち切る最初の一歩を踏み出すためには、悪循環に喘いでいる人々に対して、外部からの働きかけが必要となる。

太行山脈の人々にとって、日本から現れた私たちはまさに「遠方の人」であった。日本には六〇〇〇種もの植物が存在し、喬木だけでも六〇〇種あると言われる。中国の乾燥地域にいくと、それが脅威的な生物の多様性であることが体得される。森林再生の技術の水準も高い。日本の緑化ボランティアの活動は、太行山脈のなかで貧困の悪循環に囚われている人々に森林を再生することの重要性を伝え、再生の技術を教え、資金を獲得するための信用を与えようとしている。しかし、ワーキングツアーに参加し旅を終えたあと、自分のなかの緑に対する見方に変化が現れていることが分かる。豊かなように見える日本の生活もまた、太行山脈と同じような自己崩壊の要素を含んでいるのではないか、という疑問である。

近年、日本は毎年のように猛暑に見舞われている。特に東京では、冷房の室外機が噴出する熱気が気温を上昇させる。少なからぬ東京人が、自然に反逆するような熱気のために健康を失った。私たちが幼かったころ、窓を開け放てば夕方の風が吹き込み、暑さをしのぐことができた。しかし、現在は生きていくために、気温をさらに上昇させることを知りながらも、室内を冷房しなければならない。一つの悪循環がそこに見られる。黄土高原とは仕組みはことなるものの、東京の住民も貧困のダイナミズムのなかに捕捉されているのである。

私にとって、黄土高原で生きる人々は、何かを教える「遠方の人」であった。

見えない森を見る

中国の北部に広がる黄土高原。今そこを訪れても、森らしきものを見ることはできない。今から二〇〇〇年ほどまえに、そこにはどんな景観が広がっていたのだろうか。

むかしにも森はなかった、と主張する研究者もいる。黄土高原に森林が存在しないのは、その地が乾燥しているからで、年間降水量四〇〇ミリ程度では、せいぜい樹木が点在するサバンナにしかならないはずだ。しかも、中国北部が乾燥している理由は、地球規模の大気の流れに由来する。乾燥した中緯度偏西風の支配下にあるために、赤道直下のインド洋でたっぷりと水分を含んだ風も、夏にときたま黄土高原に吹き込むだけ。こうした大気の動きは、一〇〇〇年や二〇〇〇年では変わらない。だから、むかしも華北では雨が少なかった。たとえあったとしても疎林ぐらいで、森などとてもとても、と推察するのだ。

しかし、時代を三〇〇〇年くらいさかのぼれば、落葉広葉樹の森も点在していたはずだ、と主張する研究者もいる。たしかに外部から華北平原や黄土高原にもたらされる水分は少なかったかも知れない、しかし、限られた水分であっても、蒸発し雲を作って雨となる循環が存在していれば、降水量は多くなるのだ、という。

森林がないと、降った雨はすぐに大地から滑り落ち、その土地にとどまることができない。ところが、森林があれば、水は循環する。おおよその数値だが、降雨を一〇〇とすると、森林の葉や梢にとどまり、そこで蒸発する水分は、二〇から四〇、土壌から樹木が吸い上げて、葉の気孔を通して蒸散される水分は、木にどれだけ葉が茂っているかによって異なるが、二〇から、多いときには八〇になるともいわれる。条件がそろえば、降水量のほとんどすべてが、大空に戻っていき、そこで雲を生成し、再び雨となって大地に戻ってくる計算になる。

黄土高原に森林があったのかどうか。この問いは、黄土高原の緑化を試みている人々には、重大な意味をもっている。もし、人間の手が加わる前にも森がなかったとすれば、そこを緑化しようとする試みは、自然の理に反することになる。緑化することが、自然破壊になるのだ。しかし、森があったのならば、大地が本来の姿に戻るのに手助けをすることは、森林を破壊した人類の義務ということにもなろう。

いま黄土高原を訪れると、長短さまざまなスケールの時間がながれていることが感じられる。森がなくなった過去から森が再生する未来にいたる、一〇〇〇年を単位とする時間。農民が、生きては耐え、産んでは死んでいくなかで、文化を造る一〇〇年を単位とする時間。政治に翻弄される、一〇年を単位とする時間。日照りに苦しみ水害に悩まされる、一年を単位とする時間。そして、ささいな出来事が人を成長させ、人と人とを結びつける、一日を単位とした時間。もし、黄土高原で緑化を試み、見えない森を見ようとするならば、こうした長短さまざまな時間の波長が互いに干渉しあい共鳴しあうさまに、感動する心が必要なのではあるまいか。

何度となく黄土高原を訪ね、そこでの体験をしばらく記憶のなかで熟成させた、これが一つの結論である。

第三章　生活

遊び歌

黄土高原のうえで太陽が西に傾きはじめると、私がホームステイさせてもらっている家の子どもたちは、いつも近所の子を集めて遊ぶ。庭に積み上げられた化学肥料の袋の山を舞台に見立て、一人また一人と流行歌を歌い、顔を見合わせて笑いさざめいているうちに、樹木が一本も生えていない地平線へと沈む夕日は、その子らの顔を赤く照らし出すようになる。

その日は「ポーマーチュン、マーチュンカイ、ヨーセイレイ」という童歌を歌いながら、日本の「はないちもんめ」のような遊びを始めた。一〇人あまりの子どもたちは二組に分かれ、それぞれが手をつないで列をなし、向かい合って歌う。遊び歌のなかで名前を呼ばれた子どもが、向かいの列に勢いをつけて走り込む。手の鎖を断ち切ることができたら、相手の組から一人を連れて、自分の組に戻る。もし断ち切れなければ負け、相手の組の捕虜となるのだ。片方の組が仲間を取られ、ついに一人になると、残った子は小石を頭の上に載せ、目をつぶり、相手の列の前まで歩いて頭を傾け、小石を落とす。落とされた石の正面に立っていた子は、自分の列を離れて石を落とした子と手をつなぐ。

こうして繰り返し、繰り返し遊びは続いていく。

しばらく見ていてルールが分かると、私も仲間に入れてもらいたくなった。子どもの時分は、私もこんな遊びをしていた。私の家は東京では珍しいことに、一つの敷地のなかに祖父母の家、父方のいとこの家といっしょに建てられていた。夕方になると庭先で、いとこたちと私とは、それにまだ遊びを理解できない小さな妹を「おみそ」にして、庭に植えられたツバキの下で「かごめかごめ」を遊び、モチノキを中心にして「だるまさん」を遊んだ。いまではいとこも妹も嫁いで外に出て、祖父母が亡くなってからは寄り合う軸を失ったように親族は疎遠になった。つい数年前に家をマンションに建て替えたおり、ツバキもモチノキも切られ、いまは無い。

子どもの時分の自分の姿を思い起こし、よっぽど仲間に入れてと言おうかとも思った。しかし、大人の私が子どもたちの列に本気を出して飛び込むわけにはゆくまい。そうかといって手加減をしたら、遊びは面白くない。やはり庭の片隅に立って、眺めているしかない。

私が遊ぶ子どもを見つめていると、子どもたちの母親が、洗濯物を取り入れながら歌の内容を教えてくれた。この歌を文字で表せば、おそらく〈跑馬群、馬群開、要誰来〉となるという。直訳すれば「走る馬の群、馬の群が分かれていく、誰かさんに来てほしい」とでもなるのだろうか。

「私も子どもの頃に、こうしてよく遊んだもの。歌の内容などは考えもしなかった。いま遊んでいる子どもたちにしても、どんな意味なのと尋ねても分かっていないでしょう」という。「意味を詮索することもなく、子どもたちは代々ずっと歌って遊んできたのでしょう」と言葉を継いだ。

「ポーマーチュン、……」と際限もなく繰り返される歌を聴いているうちに、時間を跳躍するような錯覚を感じ、めまいを起こした。いまの子どもからその親が子どもであったころ、さらにその親が子どもであったころへと、この遊び歌が時間を貫いて逆行していく。この子どもたちがいま住む村の周囲には、樹木の影をほとんど見かけないのに、歴史のなかで伐り尽くされた林のシルエットを見たような思いに囚われた。林のまわりには草原が広がっている。草をはむ馬の群が見える。馬の世話を終えた子どもたちが遊ぶ姿さえ、見えたような気がした。

我に返ると陽は残光を天空に残すのみとなり、子どもたちもそれぞれの家へと別れてしまっていた。庭には、私がひとり。黄土高原はいま耕し尽くされてしまっている。村を見下ろす山には、樹木は一本も生えていない。しかし、遊び歌の起源を求めて、この子どもたちの親、さらにその親へと親族の系譜をさかのぼっていけば、遠い祖先たちが馬の群を追って、草原を駆け抜けていた時代にたどり着く。

この村の人々の瞳をのぞき込むと、光の加減で灰色になる。あとで人から聞いた話では、このあたりの住民の顔立ちは、中央アジアの民族と共通するという。子どもたちの祖先は、かつてきっと馬を駆って草原を渡ってきたのだ。私の脳裏に浮かんだ風景は、二〇〇〇年の時間の向こうの黄土高原なのだ。暗がりのなかで、私は奇妙な確信を得た。

ジャガイモの村

一九九七年春、私が四日間おじゃましたのは、天鎮県の韓小屯と呼ばれる村だ。農耕中国の辺境に位置する。ここから北に進み、山脈を越えればモンゴルの大草原にいたる。東に進めば太行山脈の峠の向こうに、華北平原が広がり、北京にいたる。古くから華北平原を守る最後の要衝として、軍隊が駐留し戦争が繰り返された。日中戦争の際にも、この地を掌握しようとした日本軍によって、無数の村民が殺戮された。辺境であり要衝であるために、大地は傷つけられ、住民は苦しめられてきた。

韓小屯という村の名前にも、そんな辺境の歴史のなごりが刻まれている。「屯」は屯田兵の「屯」、駐屯地の「屯」。村の中心には、すでに崩れて黄土の台地と見まがう姿となった要塞がある。黄土を水で溶かしては突き固め、何層にも何層にも積み上げて造られた土楼がある。モンゴルの草原から華北平原を目指す騎馬軍団が押し寄せるたびに、村民は要塞に避難し、土楼に上がって防戦したのだろうか。私がホームステイした村は、そんな歴史のある村だ。

山西省の黄土高原を訪れるのは、これで三回目。もっと当地の人々の生活を深く知りたいと願っていたところ、緑化協力している「緑の地球ネットワーク」の事務局長が、ホームステイできるようにはからってくれた。春のツアーに参加して一週間あまりの行程を終え、メンバーの帰国を見送ったあと、私は黄土高原に滞留し、現地の共青団(共産主義青年団)の案内で村に入った。

黄土の丘陵の上に位置する村に入ると、かつては要塞だった黄土の台地の前の広場に、二台のトラックが停車している。荷台のうえにはうずたかくジャガイモが積み上げられている。トラックの脇で

韓小屯村の土楼．北方からのモンゴル勢力に対する防衛のために，明代に築かれた．版築法と呼ばれる土を何層にも積み重ねる工法が，用いられている．（撮影：筆者，1997年）

は、村の者と買い付けの者とが秤を挟んで、口から泡を飛ばして値段を掛け合っていた。「昨年はまれにみる豊作で、ジャガイモばかりがやたらにできた。村の広場には毎日のようにトラックが来て、ジャガイモを買い付けているのだ」と、値段交渉の喧噪から距離を置いてたたずんでいた老人が教えてくれた。

聞くところによると、ジャガイモ一キログラムあたり三角(日本円で五円程度)にしかならないという。先ほど袋いっぱいにイモを詰めて背負ってきた一人の男は、ついに値が折り合わなかった。あたりに落ちたイモを憮然とした表情で拾って袋に入れ、背負いあげて戻っていった。

天鎮県では周辺の村々でジャガイモがだぶつき値崩れを起こし、高くてもせいぜいキロあたり三角四分にしかならないと聞いている。村での価格は、買い付ける側にすればギリギリのところか。喧噪が一段落ついたのを見計らい、トラックの男に尋ねてみた。トラックは遠く遠く河北省保定市から来たものであった。そこで売るときにはキロあたり六角にはなるという。そこそこの儲けはあるので、すでに三回は往復したとのこと。

憤然とジャガイモの袋を背負う男のあとをつけてみたら、要塞の土塀の角を曲がって姿を消した。黄土の崖の下に土室が掘られ、ジャガイモを貯蔵していたのだ。土室からジャガイモを運び上げている別の夫婦を見かけた。「ジャガイモの生産量は、天水任せの畑では一畝あたり一〇〇〇キログラム、用水の便がある畑でもせいぜい一五〇〇キログラムほど、売り渡し価格は低く、わずかな収入から化学肥料の代価などを支払ったら、あとにはほとんど何も残らない」。そう語る表情は、豊作であったにもかかわらず買い叩かれる不幸に直面し、決して明るくはなかった。

山の上の隣村

山西省の農村では、昼からアルコールが五〇パーセントを軽く超える〈白酒《パイチュ》〉(蒸溜酒のこと)を飲む。韓小屯で三日目、昼食どきに飲み過ぎて寝込んでしまい、目が醒めて外に出てみたら、早くも日は西に傾き始めるところであった。私に付き添って村に来ている共青団の宋君が、散歩かたがた隣の大畑村に行こうかという。酒のためか頭が冴えず、痛みすら感じていたので、宋君の申し出に乗ることにした。

韓小屯から谷沿いに道を行くと、小学校帰りの子どもたちに追いついた。大烟村には学校はない。子どもたちは毎日この谷間の道を韓小屯に通っている。羊の糞が散乱する道を登るにつれて、黄土の崖は次第に迫り、谷の底には小さな雪渓が黄土にへばりつくように残っていた。

谷の縁を登り切ると、大烟村が山の尾根のあいだに望まれた。黄土をただ突き固めた家の壁に、その日最後の太陽のぬくもりを残さず吸収しようとするかのように、村の女たちがしゃがみ込んで身動きもせず、見知らぬ私たち二人の動きを目だけで追っている。女たちの身なりは、韓小屯よりも一段と見劣りする。生気に乏しい。韓小屯からは四〇分程度の道程であろうか。山の上と下とでは、様相が大きく違う。

子どもの一人に尋ね、村の書記の家を訪れた。尾根にへばりつくように建てられたヤオトンに声を掛けると、劉書記が出てきて、家に招き入れてくれた。天井は人の背がようやく立つ程度に低く、オンドルも土間も狭い。まどには紙が張られているだけでガラスもない。竈《かまど》にはジャガイモだけが、いくつか転がっている。

奥さんが「お茶でも」と言いながら、茶葉が残っているかと心配そうに竈の奥を探してくれる。お湯だけで結構ですと、こちらが申し出ると、彼女は安心したような笑顔を見せた。記念に写真を撮ろうと言ったら、奥さんは着替えてくると言う。写真に撮られるのは初めてだから、という。

早々に山を下ることにした。やがて韓小屯が見下ろせる場所にたどり着いたとき、宋君が村の周囲を指し示し、私に話しかけた。

「土を見てみろ、赤いだろ。赤いのは夕陽に照らされているばかりだけではない。赤い土はアルカリ性が強くて、地力が弱い。それに村は町からも遠く、交通の便も悪い。生活はけっしてよくはない。韓小屯で嫁取りをしようとすれば、三万元はかかる。貧しい村に喜んでくる女はいない。だから金を積む。私の生まれた村は、ここからさらに山を下ったところにあるから、ここよりは水に恵まれていて、そこそこの生活をしている。嫁を迎えるには、一万元ぐらいを用意すれば、嫁入りしたいという娘はいるものだ。先ほどの大烟村は、韓小屯よりも貧しく、嫁取りに、三万元ではおぼつかないだろう」と。

天鎮県は大ざっぱに見れば、一つの盆地を成している。盆地の底に県の町があり、その南北を丘陵・山地が挟んでいる。盆地の底に近いところでは、周囲から地下水となって集まる水を利用することもでき、農業生産は安定している。しかし、丘陵や山地の上では、水が得られず、生産量が低いために、周囲の草木を痛めつけて耕地を広げ、羊の群を山に放つ。植生は破壊され、土地の乾燥化が進み、生産がさらに不安定になる。貧困と環境破壊の悪循環は、標高とともにその深刻さを増していく。

貧しい村では、嫁をなかなか迎えられない。家に娘がいれば結納を取って、兄か弟の嫁取りの費用に充てればいいではないか、と事情に疎いよそ者は算盤をはじくが、実状は簡単ではない。娘がいれば、貧しい村に嫁入りさせて苦労させたくはないと思うのが親心というもの。山の上の村の娘も、盆地の底に近い村に嫁入りする。だから結納の額は低くなる。

男だけが家に残り、老いた両親の面倒をみて、親が死去してからは毎年の祭祀を欠かさないよう村に居残るという古来の伝統がこの土地に生きている限り、娘が水の流れのように上から下へと向かうのを押しとどめることはできない。流れに逆らって、嫁を山の上の村が迎えようとするならば、やはり金を用意しなければならない。貧しい山村の住民は、ただ嫁を取るためだけに働き続ける。子孫を残すために働き続ける。

窓の光

韓小屯を訪ねたときは、ちょうどヘール・ボップ彗星が、太陽から離れて行く時期にあたっていた。ホームステイしている家での夕食を終え、用を足すために庭のはずれの便所に行こうと戸外に出ると、夜空に彗星が白く淡い尾をひくのが見えた。あの尾は太陽とは反対側に延びると習った。いま彗星は太陽から遠ざかっているのだから、尾と見えるのは進行方向の側に延びたたてがみといったところだろうか、などとぼんやり見上げていた。宮沢賢治の『銀河鉄道の夜』の影響だろうか、彗星の光が天空を駆ける夜行列車の窓の明かりに思えてきたのは不思議だ。

夜行列車に乗っていると、暗い雑木林の山のなかに農家の裸電球の明かりが見え、ふっと後ろに流れていくことがある。高校生の頃、一人でよく旅をしていた私は、そんな列車から見る闇夜の光が好きだった。あの明かりの下では、どんな家族が集まっているのだろう、と考えているうちに、東京に置いてきた今の家族のこと、いずれ私が結婚して作るであろう家族の姿などが去来したものだった。

二十代の後半、中国に留学したときにも、夜行列車に乗って旅をした。やはり農家の光を暗闇のなかに見ることもあった。しかし、中国で見た光は、なんの感傷も喚起しない。私にとって空疎な光の点でしかなかった。なぜだろう。思い当たったことは、当時の私には、灯火に照らされている家族の光景が思い描けなかったということ。光は実感を伴わなければ、なんの力も持たないのだ。

韓小屯で、村の書記の賀志勇の家に四泊させてもらったことは、中国の農村の家族を知らない私にとって、何にもましてよい経験だった。四月も中旬になり、日中はかなりの陽気にはなるが、日が落ちると乾燥した空気は温度が一気に下がる。オンドル、中国で〈炕《カン》〉と呼ばれる高さ一メートル、広さは畳を三枚ほど横に並べた程度の台に、家族が集まってくる。炕の上には卓袱台が置かれ、食事とともに「二鍋頭《アルグオトウ》」とラベルが張られた白酒が並んでいる。子どもたちは、父親に言いつけられてドンブリやら箸やらを台所から運んでくる。食事が終わると、炕を机代わりにして学校の宿題に取りかかる。炕の上には男たちが座り、白酒をコップでくいくいと飲みながら、村の大小さまざまな出来事について意見を交わしている。

書記の家であるためだろうか。日が暮れてからは、懐中電灯を手にした男たちが訪れ、炕の端に腰をおろして、これから始まる春耕の段取りやら化学肥料の分配やらについて、報告をし意見を交している。村の小学校に対する大同市の石油工場の資金援助をめぐっては、かなり熱のこもった議論が展開されていた。

賀の奥さんは、一言も挟まずに男たちの議論を聞く。皿が空になると、台所からジャガイモの炒め物などを山盛りにしてくる。双子の姉妹も、ときどき宿題帳から目を上げて、大人たちの顔を見比べている。炕の奥には、生まれてちょうど一〇〇日という女の赤ちゃんが寝かされている。ときどきぐずると、賀志勇は手でやさしく叩いて寝かしつける。

夕食もそろそろ終わるころになると、棟続きのヤオトンに住む賀の父親が現れる。とたんに男たちの白酒を傾ける速度が増す。父親はかつて村の会計係を勤めたことがあり、村の内外に顔が利く。さらに酒もいける口だ。父親が加わると、村人の誰がどうしたといった話題に花が咲く。いれかわり現れる人々の会話を十分に聞き取ることができたなら、この部屋から一歩も出なくても、村の動向をおおよそ知ることができるだろう。

そのころになると、子どもの一人は、睡魔にとりつかれたようだ。大人たちの話を聞きたいという好奇心が睡魔と戦っていたが、ついに眠気の方が強くなる。気を許すと瞼が下がり、それではいけないと目を見開こうと努力をするものの、次第に首が支えられない。もう一人の方はと見れば、早くも寝息を立てている。子どもたちは、もう寝る時間だ。母親が急《せ》かすように奥の部屋に連れて行く。

その家の外では、彗星が地平線の近くに掛かっている。もし、夜空を走り抜ける彗星列車の乗客の一人であるとしたら、この黄土高原のはずれに位置する辺城の村のヤオトンから漏れるオレンジ色の光を、どんな感慨をもって見ただろう。光のなかの人々の生活を、いまなら思い描くことができる。懐かしい思いにとらわれながら、窓から漏れる明かりを見るだろう。

エンジュの木

史書によると、韓小屯が属している天鎮の地は、元の時代には阿沙不花《アサフファ》の所領であったとある。この阿沙不花は十三世紀の後半に活躍した人物。康里国の王族の家柄に生まれ、年が十四になったとき元の世祖フビライに仕えた。その有能さのゆえに、フビライに愛されたと伝えられる。天鎮はモンゴル帝国の都・大都(いまの北京)を防衛する拠点。この土地を任されたということは、いかにフビライの信任が厚かったかを示している。日本で言えば、譜代大名というところだろう。

康里国については、はっきりしたことが分からない。ただ十二世紀ごろに、カングリというトルコ系部族が中央アジアのシル・ダリアの方面に遊牧をしており、おそらくこの部族が建てた国が康里国だろうとされる。唐の時代にターリム盆地に、弓月という部族が住んでいた。この民族は、康里国を建てた人々の前身だろうと推定されている。トルコ系の遊牧民族は、アジア内陸の草原を東と西に進み、その一部はアナトリア半島に入って現在のトルコ共和国を、そして他の一部は東に進み、中国のなかに定着した。阿沙不花の動きも、こうした人々の大きな流れのなかの、ひとつの渦なのだろう。

天鎮には、阿沙不花に率いられた遊牧の民が入植した。フビライが没すると、モンゴル帝国はおおいに揺れる。このとき、阿沙不花は不穏な動きを未然に鎮め、ハイシャンを擁立した。これが元の武宗だ。あるとき武宗は山野を直轄の牧地とするため、住民を強制移住させようとした。阿沙不花は、たっての願いとして申し立てた。鷹狩りのための鷹に餌を用意するために、住民を任用してくださいと。武宗は願いを聞き入れる。当時の天鎮の山野には草木が茂り、ウサギなどの野生の動物が満ちあふれていたのだろう。天鎮の民は、生活のより所を与えてくれた武宗に感謝し、飲食のたびに必ず祭礼をしたと言われる。

いまも天鎮の住民は目鼻立ちがはっきりとし、ときに瞳が灰色がかっている。そのことを誇りにしているようだ。文化的には完全に漢化されてはいる。しかし、その祖先には阿沙府花に従ってきたトルコ系遊牧民がいるとみてもよいだろう。

時代が元から明に移ると、天鎮の地は農耕中国を遊牧民の侵入から守る要衝へと変化する。モンゴル勢力を草原に押しやった明朝にとって、天鎮の地をどうするかは大問題だった。元の譜代が治めていた土地だから、なおさらだ。明朝第三代目の永楽帝は、都を南京から北京に移し、かつてのモンゴル帝国の栄光を自分のものとしようとした。永楽帝は、天鎮を軍事的要衝として重視し、中国内地から多くの人々を入植させた。

韓小屯で村人が話してくれた。「いまではこの村の住民は、韓姓のものが四割、賀姓のものが二割五分を占めているが、五〇〇年もまえ、安を名乗るものがこの村を建てたと伝えられている。村の名前も安家小村といっていたそうだ。この安の一族は、洪洞から移ってきたという」。史書には安家窰堡とある。あるいはこれが現在の韓小屯であろうか。

村人から洪洞と聞いて、私は驚いた。華北平原の農村で聞き取り調査を行うと、洪洞から祖先が移住してきたという話をよく耳にするからだ。「明代のはじめごろ、村を赤い頭のハエが襲い、そのハエに咬まれたものは皆、死んでしまった。そのあとに、洪洞の大きなエンジュの木の下から、移って

洪洞広済寺のエンジュ．(劉清泉『山西古稀樹木』山西科学教育出版社，1989年より)

きたのが儂らの祖先だ」。「このあたりには洪洞から来たものが多い。洪洞から来た連中はすぐに見分けがつく。足を見ると小指の爪が縦に割れている」などという話をしばしば耳にする。

　歴史的には、このように考えられている。元末に華北では激しい戦乱が続き、多くの村落が死に絶え、村人は離散し、耕地は荒れ果てた。明代のはじめ、こうした地域を再興するために入植政策が行われる。それほど戦乱に巻き込まれなかった山西省南部の住民から移住者を募り、あるいは強制的に、当時の交通の要衝だった洪洞県に集合させ、そこで移住地ごとに編成をして送り出した。移住者を登録する役所の庭には、大きなエンジュが影を落としていた。新しい土地への希望と不安をともに抱いていた人々の心にも、その光景が焼き付いたのだ、と。

　私はまだ、洪洞を訪ねたことがない。『山西古稀樹木』という古木・老木を紹介した写真集を開くと、洪洞の広済寺に伝説のエンジュが茂っていたことが分かる。明代のエンジュはかなり以前に朽ち、その根本から生えた二代目も、日本が侵略したときに樹皮がはぎ取られ、いまでは枯れてしまったという。韓小屯を開いた安姓の人々も、いまでは絶えている。彼らもエンジュの光景を、親から子へと語り継いできたのだろうか。

韓小屯の人々は、辺境の土地をめぐる歴史のうねりのなかで、生命を受け継いできたのだ。滞在するまでは名すら知らない小さな村だった。しかし、人々の歴史をたどると、ときの流れのなかに屹立する村となる。

朝の音

滞在した村でその生活を知ろうと思ったとき、朝の音を聴くようにしている。動き回るだけでは見ることのできない村の鼓動のようなものが、聞こえてくることがあるからだ。

賀の父親の家の炕の上で、私は目を覚ます。朝陽が中庭を照らすころ、父親は炕から静かに起きあがる。間をおいて納屋の扉が軋む音。切り置いてある藁を籠に盛る乾いた音、ロバとウマとが蹄を踏みならし、朝食の催促をする音。餌を与え終えた父親が部屋に戻る頃になると、家は起床の時間となる。

母親が竈に差し込んだ火種の藁が、はぜる。竈に空気を送り込むふいごが、深呼吸をする。大きな鍋には、底にアワの粥、すのこの上には昨夜のおかずの残りが並べられ、蒸されていく。もう隠居した父親の家の朝は、他の村人よりも少し遅い。八時をまわる頃、炕の上の食卓にようやく朝食が並べられる。

窓ごしに、動き始めた村の音が聞こえてくる。五〇〇年ほどまえに築かれた土楼に設置されたスピーカーは、農作業の予定などの通告を村じゅうに響きわたらせる。完全な土地の言葉なので、私には一言半句すらも聞き取ることはできないが、土地と共に生きるものだけがもつ、のびやかな朗々とした声だ。

犬の吠え声、スズメの群の羽音にさえずり。遠方で、ロバがいななく。村の道を追われているヒツジの声が、次第に一つにまとまっていく。村では各農家が二、三頭のヒツジを飼っており、朝になると羊飼いが村をまわってヒツジを預かり群を作る。羊飼いは群を追って一日中周囲の山や谷をめぐり、わずかな草を預かったヒツジにはませるのだ。

家のなかでは、ブタが門のなかにまで入り込んで、餌を催促している。飼いネコは、外に出ようとねだり始めた。窓の木枠を引っ掻いて、開けようと何度も試みる。奥の部屋では、竈にくべる石炭を、シャベルですくい上げる音が何度か響いている。さあ、朝食のアワの粥が湯気をたてている。私たち人間も食事の時間だ。

青年綜合農庄

賀志勇は二十代にして村の党支部書記、私のホームステイ先の家の主人だ。丸顔で童顔、一つの村を背負っているとはとても思えない。目の瞳が灰色だ、これが私が得た第一印象。不思議な気配を発している。六七年に生まれ、小学校を出ただけで上には進まず、農作業を手伝う。八二年、十五歳そここそこで出稼ぎのために、内モンゴルの包頭を皮切りに各地の建設現場をまわった。八四年に帰村。家では父親が二万二〇〇〇元をつぎ込んでトラクターを買い、農業銀行から二万元もの借金をしていた。賀さんは働きに働いたが、ジャガイモ生産ばかりでは利益が出ず、家計は楽ではなかったという。八八年、村の会計担当となった。出稼ぎで外の空気を吸い、村の農作業にも精通していたこと、弟二人、妹二人の長兄としての責任感の強さを買われたのであろう。九五年九月に書記になる。

彼が取り組んだ仕事は、ジャガイモ一辺倒の村の産業の多様化だ。村民の一人当たりの平均年収は、九〇〇元(一万三〇〇〇円程度)。黄土高原の水準からみれば、そこそこの水準ではある。しかし、村はジリ貧。九一年から九七年までの六年のあいだで、村の人口は二〇人ほど増えた。さらに新しい小学校の敷地などで耕地が削られ、一人当たりの耕地面積は確実に減少している。

九七年春現在、村民一人あたり穀物五〇〇斤(二五〇キログラム)相当の生産ができる耕地面積が保障されている。各農家ごとに家族の人数に応じて計算を行い、一戸が請け負う耕地面積の調整を行うことになっている。基準値から二〇〇斤以上多い農家から耕地を削り、一〇〇斤以上不足する家に対して請け負う土地を補塡することになっていた。これでは貧しさの均分であり、村の将来は暗い。

会計をしていた賀さんは、さまざまな数字を見て、村の実状を知ることになった。賀さんは考えた。このままではいけない。村にジャガイモ以外の産業を興さなければならない。まず、村で飼われているヒツジに目をつけ、村の羊毛を用いた絨毯工場を建てようと考えた。しかし、上級の役人は、新しい試みには事なかれ主義を以て対応する。許可が出ないのだ。村の名義で何かをしようとすれば、上の許可が必要になる。危険は承知で個人の名義でやるしかない。賀さんは九三年に覚悟を決める。自腹を切って荒れた谷の八〇年間の使用権を国家から買う。村の若い連中を三〇人ほど集め、ともにレンガ作り、ポプラの植樹、アンズの生産、養豚などを目論んでいる。投資額は一一万元。その大部分が借り入れだ。若い連中のやる気を引き出すために、基本給一日二〇元に加え、作業の量と質に応じて手取りが増えることになっているという。

現場に赴くと、谷の入り口に「韓小屯青年綜合農庄」と記されたゲートが立っている。農庄では、朝早くから日暮れまで、若い連中が分担した役割に取り組み、一人として手を休めているものはいない。私が訪ねたときには、管理小屋の設営が進んでいた。レンガを積み上げた壁の上に、ポプラの梁を差し渡し、日本で言えば高校生ほどの年の少年が、藁と泥とで屋根の下地を作っている。目を転ると、窯から別の少年が焼き上がったレンガを搬出しており、さらに谷の奥では、年長の男たちが整地作業に専念していた。それぞれの仕事ぶりは手際がよい。その熱心さは、出来高制という仕組みだけから来るのではないだろう。

谷にこもる熱気は、懐かしいものだった。この感覚は何だろうと思案をめぐらせて、はたと思い当たったのは子ども時代に私が熱中した秘密の基地づくりだ。賀志勇のまわりに集まった少年たちは、自力で自分たちの空間を造るものが発する熱気を帯びていた。

初めて韓小屯青年農庄を訪ねた次の日、朝食を終えたころ、賀志勇が迎えに来た。いっしょに農庄へと向かう。歩きながら 谷でポプラの植樹を成功させたいのだと賀さんは語り始めた。

「おととし(九五年)の夏、長老も経験したことがないと断言するほどの大水害に襲われた。雨は七月下旬から降り続き、およそ一ヶ月ものあいだ止まないのさ。雨水がヤオトンの屋根にしみこんで、倒壊した。おれの弟の家もやられた。このあたりの人々は黄土の屋根ではだめだ、木材が支える家を建てたいと願うようになったのだ。しかし、村のまわりには樹林がない。だから少なくとも村が必要とするポプラ材は、なんとしてでも村で生産したいのだ」と賀さんは語る。

農庄では前日よりも小屋造りの作業が、かなり進んでいた。現場の傍らを小さな流れが谷の出口に向かって流れている。夜の寒さで、表面には氷が張っている。この流れはどこからくるのか知りたくなり、私は谷の奥へと歩き始めた。

整地作業をしている男たちの脇を抜け、塩が白く浮き出した土地をわたり、人の背丈よりもかろうじて高くなったポプラが植えられている谷の斜面に、午前の斜光があたり、枝が光るありさまを見ながら、奥へと進む。流れは細くなり、いっそう固く凍結し、谷の陰にあたるところには残雪が広がっている。雪は固く、ザクとも音を立てずに私の体重を支えてくれる。黄土の崖が左右から迫り、残雪が消えた地表も、凍結している。陽が差し込むのは、わずかな時間なのであろう。ちょうど融けたときに飛来した鳥が残した足跡が、点々と続いている。生き物の痕跡は、他にウサギの糞だけであった。谷の最深部は岩盤であった。谷の奥に堆積した砂地は、確かにしめっている。流れは厚い黄土層の底から岩盤を伝ってしみ出した水に由来するものであったか。

村に入る前、緑化ワーキングツアーに同行した植物学の遠田先生から受けた説明が思い出された。黄土高原の東に壁のように連なる太行山脈は、何枚もの布団を重ねたような地層を成しており、そのところどころに帯水層がある。山の崖を見ると、ちょうど水が出てくる層に沿って、帯状に植物が生える。谷の奥地で流れ出るこの水を活用できれば、荒れ谷の緑化も可能なのではないか。しかし、谷の奥から人間界に戻る途中、行きの道で見落としていたものが目に入る。

おそらくヒツジの群が放たれていたのであろう、流れが少し広くなった辺りに広がる草地は、バリカンで刈り上げたかのように短く、その先端には塩の花が咲いていた。毛細管現象によって草の茎を登った水分が、地中の塩類だけを残して乾燥しきった空気のなかに蒸散したのであろう。水はあっても、このようなアルカリの土壌では、緑化を進めることは難しい。谷の上部を見上げると、谷の上に登った太陽が、アンズの苗木を照らし出していた。賀さんたちが植えた苗木の樹皮は、通りがかりのロバに無惨に喰われている。

整地作業を進める男たちは、谷の奥から転がり出てきた私に興味をもったらしく、スコップの手を休め、話しかけてきた。よっぽど深刻な表情をしていたのかもしれない。ここに生えている灌木を抜いて、ポプラの苗木を植えるのだという。私にもやってみないかと、スコップを手渡す男がいた。こうした若い連中の持続的な熱意は、谷の悪条件を変えられるのだろうか。いかついスコップに悪戦苦闘しながら、私は再び谷の最深部の光景を思い出していた。

神頭山．韓小屯村では春の耕作が始まる．村人を見おろす三角形の山が神頭山．（撮影：筆者，1997 年）

神頭山

荒れた谷の斜面を登ると、村を見下ろすように三角形の山が望める。賀さんの説明によると、あの山は一つしかないように見えるが、実は二つ頂があるのだという。こう前置きをした上で、山にまつわる伝説を話し始めた。

その昔、天上界に兄弟の神がいた。天を司る玉皇大帝は、兄弟を人間界に使わして善行を積ませようと考えた。兄弟は下界を見渡し、この黄土高原の片端の地の貧しさを哀れみ、この地に天上から下りることにした。

二人は人々の生活をつぶさに見て、もはやこの土地では如何ともしがたいと結論を出した。自らの身体を人間界と天上界とをつなぐ梯子に変じ、この地で貧しさに苦しむ人々を天に連れていこうと考えたのだ。そこで大地を踏みしめ、天に向かって背伸びし始めた。どちらが早く天に達するか競おうではないか、と弟の神が言うと、兄の神は「おう」と答え、二人の競争が始まった。

一日一晩で弟は今見える山の高さまで伸びた。朝、あたりが明るくなる。弟が見回すと兄の姿が見えない。怪訝そうにしている弟に耳に、はるか下界から兄の声。兄は遅れをとったのだ。

兄が言う。「昨夜、雨が降った。雨に濡れ、困り果てていた女を哀れに思い、私の頭の上の祠のなかに入れ、雨宿りをさせてやったのがいけなかった。女は尿意を催し、私の頭の上でやおら小便をし始めたのだ。手で塞ごうとはしたものの、一筋の尿は指のあいだから五本の糸となってほとばしり、尿を押しとどめることができなかった。女の尿で我が神力は散じ、伸びる力を失った」と。

天に兄よりも近くにいた弟は、天の玉皇大帝に訴え出た。しかし、玉皇は「人には人の道があり、神には神の道がある。これはいかんともしがたいこと」と弟の訴えを退けた。弟もそこであきらめ、兄に「二人で梯子になれないのであれば、二人で人間界に残り、村の人の役に立つことをしよう」と語り、身を山に変じた。以後、高く聳える弟神の山と、人の目には定かではない兄神とは、人々の生活を静かに見守り続けているという。

山の名前は神頭山。山になった神と、その話を語る賀さんとが、私の視野のなかで一つに重なった。

人が生きる大地

賀志勇の家の庭で見たヘール・ボップ彗星は、四二〇〇年前に地球に接近したことがあるという。

そのとき黄土高原は緑に覆われていただろう。そして一九九七年の春に地球の近くまできた彗星が、この次に接近したとき、黄土高原の風景はどのように変わっているのだろうか。黄土の大地を夜に照らす窓の光が、はたして見られるのだろうか。森が再生しているだろうか。そもそも、ヒトがまだ住んでいるのだろうか。あるいは、生物の断片すら見られない火星のような地表になっているのだろうか。

数百年もの時間をかけて、人が傷つけてきた大地を本来の姿に戻すことは、容易なことではない。そんな無謀なことを考えなくてもいいではないか、大地の傷は人間の進歩の足跡なのだから、と笑う者もいるだろう。しかし、最近、生物としての人類の責任といったことが気になるようになった。人類が絶滅したあとの地球のことを、妙に考えるようになった。

人類は歴史とともに、ずいぶんと大地を傷つけてきた。四六億年の地球の歴史のなかで、生物としての一つの種が、北海から熱帯、さらには南極まで、ありとあらゆる空間を占めることはなかったはずだ。産業社会を十八世紀に成立させてからは、地球にあたえる負荷も、他の生物よりも桁違いに大きくなった。この地上に現れた生物の多くは、地球の歴史のなかで舞台から退いた。ヒトという生物は、このペースで突き進んでいけば、あっさりと地球から消えるときが来るだろう。どうせ絶滅するのなら、好き勝手に生きればいい、そういう考え方もあるかも知れない。絶滅のときをすこしでも遅らせるように努力しようという主張もあるだろう。

ただ、あまりいままで言われてこなかったことがある。絶滅するにしても、「良い絶滅の仕方」と

「悪い絶滅の仕方」があるだろう、ということだ。ヒトとともに他の生物を道連れにして、地球を生物のいない不毛の大地とする「悪い絶滅の仕方」に対して、他の生物の生存の余地を少しでも広げながら消えて行く「良い絶滅の仕方」。こんな対比ということになる。生命は、人類だけの生命ではない。地球の絶妙なバランスのなかで生まれた生命の歴史の一齣として、私たち人類の歴史があるのだと意識すれば、生物としての責任の取り方というものを、考える必要性に気づくのではないか。

黄土高原の片隅の村で見たことは、生命の歴史のなかの人類の歴史ということであったかも知れない。辺境の村人たちの多くの目は灰色だった。私に付き添ってくれた宋君は、彼の鼻が高いのも、また賀さんの家族の目が黒くないのも、この辺境の民の祖先がユーラシアを駆けめぐっていた民族であることの証なのだと、誇らしげに語っていた。ヒツジとともに草原を求めて移動していた人々は、中国の磁場に囚われて、いつしか辺城を警備し、新たな遊牧の民の流入を防ぐ役割を担わされるようになった。遠い洪洞の地から移住してきた人々と結婚し、子孫を増やしてきた。そして生きるために土地を耕すことが、足元の大地を深く傷つけることになる。

その彼らが今、樹木を山に植えることを考えている。森がどんなものなのか、彼らは知らない。試行錯誤も、失敗の方が多いだろう。その努力に日本に住む私は、なぜ協力するのだろうか。おそらく、唯一の理由は、賀さんの家族と私とは「種」として一つだということだけが挙げられるのではないか。人類の自滅が空想ではなく現実味を帯びてきた時代になって、はじめて私たちは「種」としての自覚を得られるのかも知れない。

私が村を去る前の夜、賀志勇は生まれて一〇〇日目の女の赤ちゃんに、名前を付けてくれと言い出した。女の双子が生まれ、次は男の子を期待したのに、生まれたのは女の子だった。それで名を付けていなかったのだろう。中国語を学んだことがあるとはいえ、これは難題だ。愚かにも、私の名にちなんで「信信」はどうかと、となりに座っていた宋君に尋ねてみたら、そんな名前などないと、言下に却下されてしまった。じゃ、どんな名前ならいいんだ、とささやき声ですがるようにいうと、宋君は「菲菲」がいいという。そんな名前の演歌歌手がいたな、と躊躇しながら賀さんに申し出ると、賀さんは曖昧な表情を浮かべていた。

その女の子の名前が「菲菲」になるのか、はっきりとしなかったが、彼女が自分の足で立ち、祝福された結婚をしてくれることを願わずにはいられない。その子が子どもを生み、その子どもがまた下の世代に生命を繋いでいく。幾世代かの後の彼女の子どもたちが「ポーマーチュン……」と歌い遊ぶとき、神頭山が森で覆われ、山麓の草原で馬の群が草をはんでいる。そんな日が、いつか来てほしいと念じつつ、翌朝、まだ薄暗い村を旅立った。

III 東南山地

第一章　トラ

トラが棲む闇

高校に通っていたとき、中学校の同級生だった女の子が自殺し、教会で行われた葬式に列席したことがある。キリスト教では自殺は罪だから、牧師の言葉には沈痛な色が濃く、なぜ自ら死を選んだのか、その理由を明らかにしたいという思いがこもっていた。

残された遺書には、高校現代国語の教科書に掲載されていた中島敦「山月記」が、一つの契機となったことが記されていたという。牧師の話の内容を詳しく覚えていないが、自分は何かに成りたいのだが、それが何なのか、またその何かに成れる才能があるのか判らない、周囲の人に取り繕って見せている自分の姿と、心のうちでもがいている自分とのあいだに隔たりがあり、まるで皮を被っているような、仮面を被っているような感覚に苦しんでいる、近いうちに「山月記」の主人公・李徴のように自我を失ってしまうのではないか、そういったことが書きつらねてあったらしい。

あるいは遺書の内容としていま想起したことは、私自身の当時の感覚だったかも知れない。私も中島敦の漢字だらけの文章に戸惑いながらも、李徴のトラへの変身が人ごととは思えなかった。私は自殺という解決方法に気づかなかったので、葬式に出て「そんなやり方があったのか」と妙に納得してしまった。その子が死んでいた部屋では、モーツァルトのレクイエムのレコードが空回りしていたとのことで、その演出された死に私もしびれ、しばらく自殺のことが頭から離れなかった。「自殺」という文字がタイトルに含まれる本を、手当たり次第に読んだ思い出がある。

中島敦の作品は、唐代伝奇「人虎伝」を下敷きにしている。原本には「ただ行いが天地の道に背いていたため、変身して獣となった」とあり、因果応報の物語となっている。いかにも伝奇小説の常道を踏んで、奇怪な出来事を人間の側の論理で説明しようとする姿勢が見える。しかし、人がトラに変身するという話は、中国では繰り返し現れる。たとえば時代がくだり、明代の随筆集『七修類稿』には、次のような物語が見られる。

成化年間(一四六五〜八七年)、浙江省餘姚に住んでいた王三という老人は、毎夜、孫と一緒に寝るのだが、夜半になると孫を残したまま外出し、夜明けごろに戻る。孫からそのことを告げられた父親が不審に思い、夜に様子を見ていると、老人の部屋の窓から飛び出したものはトラだった。しかも屋内に残る後脚は、まだ人のもの。父親はその足にしがみつき格闘したものの、トラは足を捻られながらも窓の外へと逃げ去っていった。その後、老人は二度と家には戻らなかった(西村康彦『天怪地奇の中国』新潮社、一九九四年)。

この話、下手な理由づけがないために妙に心に残る。

柳田国男は「山の人生」のなかで「人にはなおこれという理由がなくてふらふらと山に入っていく

癖のようなものがあった。少なくとも今日の学問と推理だけでは説明することのできぬ人間の消滅、ことにはこの世の執着の多そうな若い人たちが、突如として山野に紛れ込んでしまって、何をしているのかも知れなくなることがあった」と述べている。王三という、字画がトラの縞のような名を持つ老人も、あるいはこうした山の闇に囚われた人ではなかったか。中国でも理由もなく山に入る人が、かなり多かったのではないかと思われる。

中島敦はいかにも近代の文学者らしく、自我の葛藤として変身譚を描く。しかし、私自身の青年期を思い出すと、根はもっと深い。中学時代に声変わりが始まり、性的な欲求も強くなり、私は自分の身体の変化についていけなかった。言葉で整理された意識の世界と身体の領域に近い無意識の世界とのあいだを調和させる方法が、どうにも分からず混乱し、子どもの無邪気だった時代に戻りたいと思った次の瞬間には、早く大人に成り切りたいとも願った。無意識の世界は私には得体の知れない闇で、その闇からときに獣のような何かが意識の世界に跳び出てくる。心のなかの闇に棲んでいたもの、それがトラだったのではないだろうか。

自我の内部に抱えた闇を制御できなくなったとき、自我の外部に広がる闇に紛れ込むのではないか。近代人としての葛藤ではなく、もっと原始的な葛藤が人を山野に誘うのだ。あるいは人の祖先がまだアフリカ東部の森に棲んでいたころの記憶が、そうさせているのかも知れない。心のなかの闇と森のなかの闇、それはどこかでつながっていて、二つの闇に棲み、二つの闇を往復できるものがトラなのだ。

自殺した女の子も、もし身近に紛れ込める山野が広がっていさえすれば、あるいは死ぬことはなかったのかも知れない。現代を生きる私たちにとっての悲劇とは、闇を失ったことではなかろうか。

共存する世界

現代政治史を専攻する知人が、英文の論文を翻訳したものを読んでいたら「東アジア共生圏」といった訳語が出てきて驚いた、と話していた。翻訳者は英語は堪能なのだろうが、歴史の常識に欠ける、「大東亜共栄圏」にこんな言葉を充てるとは、まいった、まいった、という。環境問題に関心のある人々のあいだで、「共生」という言葉がキーワードとして用いられ、私も深く考えることなくポジティブな意味合いで使っていたので、この知人の愚痴はちょっとした衝撃だった。

「共生」という用語は、もともと生態学で使われていた。異種の生物が一緒に生活している状態のことで、広義には寄生も含むのだが、一般には互いに利益を与え合う関係を指す。すると「共栄」を「共生」と訳したとしても、けっして誤訳ではない。しかし、「大東亜共栄圏」がアジア侵略のために造られた言葉でしかなかったことを歴史的な事実として知っているものにとって、そのネガティブな標語がポジティブな価値を帯びた「共生」圏と呼び換え得るとは思ってもいなかった。

生態学的に目の前に立ち現れる状態を、「共生」と呼ぶことは何ら問題はない。ところが、「かくあるべきだ」というスローガンとして「共生」と叫ぶことには、慎重でなければならない。「あなたとは共生しようとは思っていません」という相手に対して、「いや君と僕とは共に生きなければならな

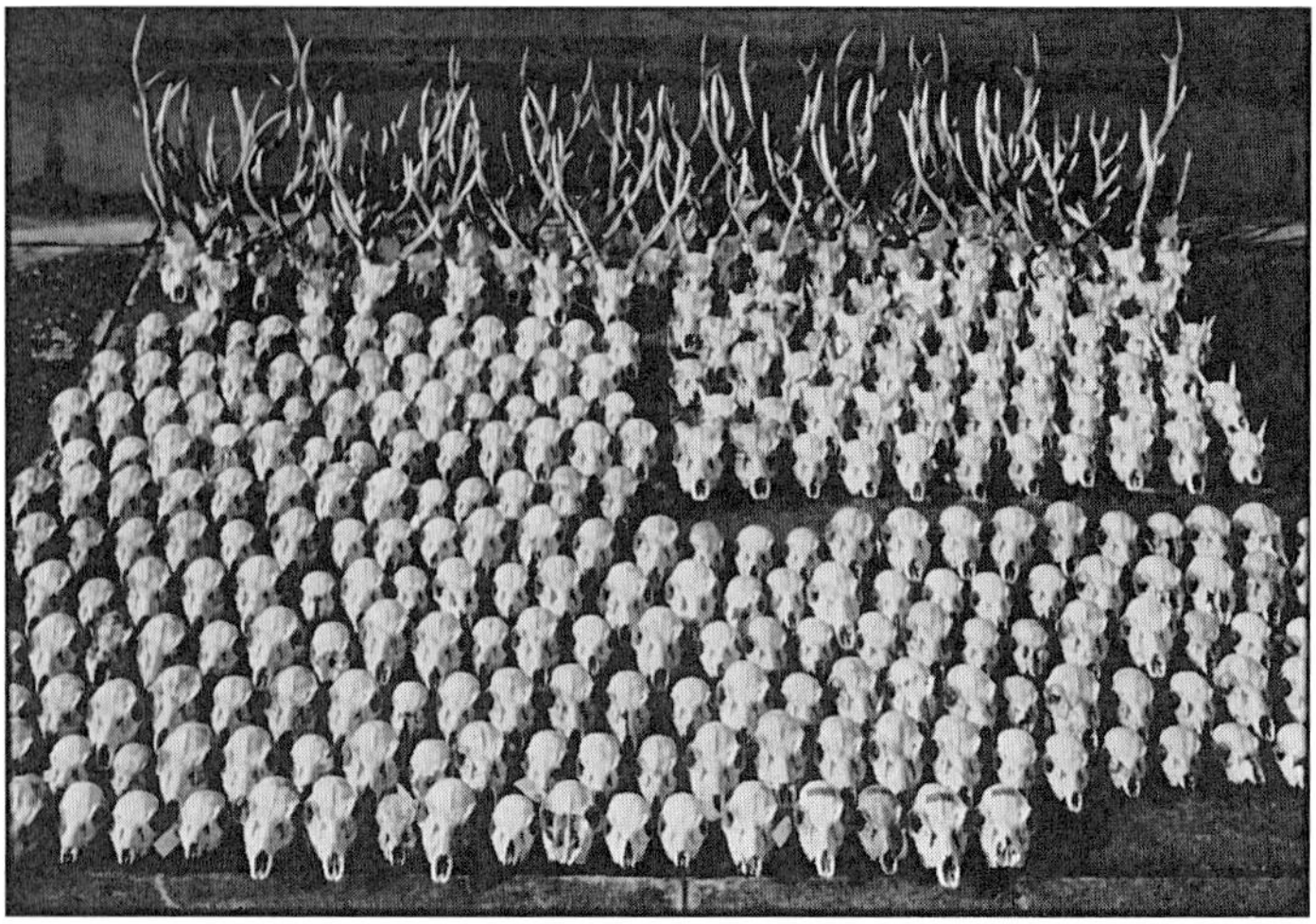

宮城県金華山島，1984 年春の大量死で回収されたシカの頭蓋骨．（高槻成紀『歯から読みとるシカの一生』自然誌の窓 2，岩波書店，1998 年より）

いのだ」と迫るならば、これは無理強いだ。「野生動物とヒトとの共生」を説くならば、その危うさは明白だろう。

　トラとヒトとの関係を考えてみる。トラにとって、ヒトとの関係は敵対的なものであって、けっして共生などできるものではない。山でヒトと出会ったならば、逃げるか、襲うかの二つしか選択肢はない。一瞬でも躊躇すれば、ヒトに頭を切り取られ、皮を剝ぎ取られ、骨まで酒につけ込まれてしまう。もし襲ったとしたら、ヒトは報復だといわんばかりに大挙して森に押し寄せ、同属同種を皆殺しにするだろう。そんな連中とどうして共生など考えられるだろうか、野生動物が話せるならば、きっとそのように申し立てるだろう。

　シカの子がかわいいと人が思い、保護を加えることがある。ヒトはシカに慰められ、シカはヒトに保護されるという共生関係だと見なせるだろう。その結果、どうなったか。野生動物の生態に関するシンポジウムで、痛々しいスライドを見た。日本の宮城県の金華山島という閉鎖的な環境のなかで保護を受けたシカは増え続け、草を食い尽くし樹皮を剝ぎ、森を痛めつけた。シカはその地域の植生が支えられる以上に増え続け、食糧不足に陥って痩せ衰えた。ある冬、例年にない大雪が体力の落ちていたシカの群を壊滅させた。調査をした東京大学総合研究博物館の高槻氏は死体を集め、年齢別に頭蓋骨を並べ写真に収めた。スライドはそのときのものだった。このシカの群の悲劇も、ヒトの論理に野生動物を巻き込むことが誤りだということを示している。ヒトは野生のシカに対して保護を加えていても、シカにとっては敵対者なのだ。

敵対的関係は、しかし、相手を絶滅させることを必然とするわけではない。互いに相手の領域に踏み込まないための仕組みを造ることができるならば、「共存」はできる。つまり、野生動物とヒトとの折り合いの付け方が問題となる。ヘビやトラたちは、ヒトには窺い知ることのできない世界で生きている。動物生態学や行動学は、その世界を垣間見させてはくれるものの、ほんの一端でしかない。ヒトが認識している世界の外側に、ヒトの理屈が通用しない世界が存在している。その世界に人が踏み込まない工夫が必要だ。

森の闇のなかで人知れずヘビやトラなどの動物たちが徘徊している、そのように認識できることは、私たちが心に抱える闇と折り合いをつけるためにも、必要なことではないだろうか。

アモイトラ

トラと折り合いをつけるためには、まずトラのことをよく知らなければならない。トラは中国の大地で約一〇〇万年前に現れたと推定されている。その後、シベリア、チベット高原、インド亜大陸、さらには現在のトルコの東部まで進出し、八つの亜種に分かれた。かつて東南山地全域に生息していたトラは、アモイトラ(Panthera tigris amoyensis、中国名は〈華南虎〉)という亜種だ。

アモイトラは他の亜種に比べて眼が前方にせり出し、小さな頭蓋骨を持っている点で、その原種の特徴をもっともよく留めている(『一九九六年WWF野生生物種現状報告、野生のトラ』世界自然保護基金日本委員会、一九九六年)。オスは体重一三〇から一七五キログラム、体長二三〇から二六五センチメートル、メスは体重一〇〇から一一五キログラム、体長二二〇から二四〇センチメートルで、中国の東北部にわずかに生息するシベリアトラや、インドのベンガルトラなどよりも一回り小さい。毛は短く、色はレモン色とやや淡く、黒い縞の幅が広いという特徴がある。古くは中国の黒トラ、ブルータイガーなどといわれる(小原秀雄編『世界の天然記念物』第4巻、講談社、一九八七年)。秦嶺山脈以南、雲貴高原以東の広い範囲に生息していた。

植生調査のために赴いた天目山にも黄山にも、いまアモイトラはいない。絶滅させられたのだ。私が訪れた場所ばかりではない、一九五〇年ごろには四〇〇〇頭はいただろうと見積もられていたものが、現在は三〇頭以下、いつ絶滅するか分からない状況にあるという。もはや手遅れなのかも知れない。しかし、ヒトとアモイトラが共存する方法を探るために、東南山地の歴史をたどることには、なにがしかの意義があるのではないか。

トラから見た東南山地の歴史をたどる前に、まずその生態を明らかにする必要がある。

アモイトラは村の近くで活動し、ときには都市近郊にも現れる。たとえば湖南師範学院が所蔵する標本は、一九五四年に長沙市岳麓山で採られたもの。トラは単独で活動し、夜行性。日中はブッシュのなかで休息し、ほとんど出てくることはない。日の出前と日没後の活動が頻繁になる。

食物が十分ありヒトの干渉が少ない状況下では、その活動領域は固定的だ。平時には固定した巣を持たず、移動しながらブッシュのなかで休息する。子は冬に生まれ、二頭の例も、四、五頭の例もある。子を産み哺育する時期には、風雨を避けるために倒木や岩室の下に巣を置く。巣は大きくなく、母親の身体がやっと伏せられる程度の広さ。巣の構造は簡単で、乾燥した窪地に枯れた草や木の葉などを敷く。

トラはイノシシ(Sus scrofa)を主要な食物としており、イノシシが群れて越冬する土地には、必ずトラの足跡を見る。一九七六年の盛和林の江西での調査によると、捕えた幼トラの胃内からは〈青羊〉(Naemorhedus goral、カモシカと同じくウシ科)の毛とヤマアラシ(Hystrix hodgsoni)の針が見つかった。野禽や、夏には昆虫(バッタなど)を食することもある。村域に入りブタやヒツジなどの家畜を持ち去ったり、力の弱ったウシを狙うこともある。腹が満ちると数日間は食さなくても活動できる。餌が少なくなると、長距離を移動する。

トラは慎重であり、嗅覚・聴覚も鋭敏。移動時には林間の小道、渓流、山陵のけもの道を行く。食物を探して昼夜に四〇〜四五キロメートルは移動する。夜に咆哮すると、半径二キロメートルの範囲で聞くことができる。水を好み、暑いときには渓流のなかで泳ぐ。数キロメートルの湖面を泳ぎ切ることも可能。木登りはうまくない。自然環境のなかでの寿命は一〇から二〇年だと推定されている(高耀亭等編『中国動物志』獣綱、第八巻、科学出版社、一九八七年、この情報源については和田一雄氏からご教示を受けた)。

開発の始まり

東南山地が中国の史書に初めて現れるのは、臥薪嘗胆の逸話、美女西施の伝説などに散りばめられた呉越の争いのときだ。『春秋』昭公三十二年の項に、「夏、呉は越を伐つ」とある。これより半世紀のあいだに越は急激な発展を遂げ、一時は中原にも進出する強国となった。その急成長の理由は、越国が生態系のあいだの交易に依拠したことに求められる。

越の国は現在の紹興の地を中心に、南に東南山地に点在する多くの小盆地世界を背負い、水運を掌握して山の物資を北の中原に供給することで、国づくりの財源を確保した。軍船を多く有し、水上戦を得意とした。その水軍も後背地の越の山々から伐り出される木材によって、支えられていた。その呉王を惑わすために送られた西施も、紹興の平野部から峠を一つ越えた諸暨盆地の水辺に住み、山から伐り出した薪を商う女だったと伝えられる。美女もまた、盆地の産だったのだ。十五世紀ごろに東南アジアで繁栄するマラッカやパレンバンなどの港市国家を、越国は一時的にではあれ先取りしていたともいえよう。

越王勾践の顧問となって、東南山地と華北平原とのあいだの交易を担ったのは、范蠡《はんれい》だったとみて間違いあるまい。『史記』「越世家」によると、彼は呉が前四七三年に滅びたあと、軽い財宝を携え一族郎党とともに海に入り山東に向い、亡命先で財産を巨万と築いたとある。財を成せたのも、交易のノウハウとネットワークとを彼が握っていたためだろう。司馬遷は「范蠡は三たび徙《うつ》り、名を天下に成す」とその人生を総括しているが、范蠡が拠点とした越の会稽、斉の海浜、そして陶の地は、偶然に選ばれたものではなく、当時の生態系間交易の結節点だった。

その交易の経路に沿って、あたかも范蠡のあとを追うようにして、前四六八年に越はその拠点を山東半島の現在の青島に近い瑯邪《ろうや》に移す。中原に進出する政治目的を果たすためだ。この土地は、清代にいたるまで中国の南北を結ぶ海上交易路の要地だった。越国は交易国家の性格を強めたものと考えられる。

交易に長けた范蠡が越国を見限って、「狡兎死して走狗烹《に》らる」というせりふを残して逃げ出したことは、注目に値する。越国を支えた人々もまた、小盆地宇宙の文化を共有しており、交易を拡大して東南山地の生態系を根底から変えることには抵抗があった。呉を滅ぼした越の指導者が、中国文明を受容して中原に進出しようとするならば、その母胎となった文化と衝突することになる。指導層内部で対立が激化し、盆地世界に支持者を持たない交易のにない手は危うい立場に置かれると、范蠡は予測したのだろう。

春秋時代における越と呉の争いの一齣として、越の勾践が呉の夫差を懐柔するために、越の山々から神木を選んで建築好きの呉王に献上したという説話が、のちの後漢時代に書かれた『呉越春秋』に見える。この説話が書き留められた時期と、実際の呉越の争いがあった時代とは、五〇〇年以上の隔たりがある。中国人が書いた森林史の概説書で、この説話に基づいて春秋の越のときから森林破壊が始まったと記したものがある。それはまるで現代の歴史小説をもとに織田信長の時代を分析するようなものだ。

『呉越春秋』は成立年代は不明だが、筆者は現在の紹興出身の趙曄だと伝えられている。おそらく自分の郷里に伝わる物語、その当時の社会状況などを踏まえて創作したものだろう。後漢の時代には人々は越の山々に分け入り、原生林の樹冠を抜き出ているような喬木を伐採していたと考えて間違いはない。切り倒された樹木は、その土地に住む人々からアニミズム的な信仰の対象となっていた。文化を否定する開発の光景を、趙曄は実際に目にし、彼の物語に加えられたものと考えられる。

東南山地は多数の盆地を蔵した地域だ。盆地の一つ一つに個性をもった文化が育まれ、その文化の担い手を総称して「越」という。また「粤」と表記されることもある。多くの集団に分かれていたので、「百越」とも呼ばれた。春秋の越国もまた、越系の人々が建てた国だった。『史記』から『三国志』までの史書には、越に関する記載が散見する。前漢時代には、現在の浙江省南部に拠った甌《おう》越、福建を中心とした閩《びん》越などの名を、見ることができる。

この盆地世界が中国文明のなかに組み込まれた時期は、長江流域や黄土高原よりも遅れ、後漢から始まり隋の再統合で終わる「合散離集」の第二段階だと考えられる。アモイトラが人の影響を受け始めるのも、その時期からだ。

ことじ

一九八三年に広州で前漢時代の南越王の墓が発掘され、一〇〇〇点あまりの遺物が殉葬者とともに出土した。漢の王朝が与えた金印、青銅製の鐘、そして埋葬者の遺骸を腐敗から守ると信じられた玉衣など華麗な文物に並んで、私の目を引いたものは高さ八センチほどの飾りものだ。それは大型の琴に弦を張るために置かれたことじ。山をめぐって竜とサル、クマ、イノシシ、そしてトラが浮かび上がっている。

ことじ(瑟柄). 高さ 8cm, 底径 5.5cm. (飯島武次監修『中国・南越王の至宝―前漢時代・広州の王朝文化(図録)』毎日新聞社, 1996 年より)

　山頂では一匹のサルが遠方を望み、イノシシが穴から出て餌を捜し、二頭のトラが一頭の子グマを追いかけている。見つめていると、動物たちの姿がいとおしく思えてくる。山林に生息する生き物に通暁していなければ、簡略化された形のなかにこの躍動感を与えることはできないだろう。小さいながらもトラの生き生きとした姿が印象的だ。

この造形を生み出した南越国は、始皇帝の命を受けて嶺南を守った趙佗《ちょうた》によって、秦の滅亡後、前二〇三年ごろに建国された。つまり亡命政権だ。五世九三年、存続した。その出土物には趙の出身地の華北との共通性が、色濃く現れている。しかし、南越国が存続するためには、周辺の越系の諸勢力との交流は欠かせない。趙佗は閩越などに財物を贈って、友好関係を作ろうとした。この小さなことじは、東南山地の生態系に対応しており、南越国の工人が越の風土に根ざして作ったものと考えてよいだろう。

越の人と森

長江の源泉の一つ秦嶺山脈で、巴の木こりたちは神木を伐ったために、トラに襲われ命を落とした。唐代の伝奇集『広異記』に見られる物語だ。木を伐るなと警告したものは、老人の姿をした太白山の神。山仕事をするものがトラに襲われることは、実際にあったことだろう。事件を伝奇では、人間の姿をした神の怒りに触れた罰として解釈する。いかにも人間的なものの見方をもって、人間の論理を動物の世界に当てはめようとする姿勢を、そこに見ることができるだろう。

ところが、南北朝時代の東南山地には、同じようにトラと木こりとの関係を描いた、まったく異なる物語が伝承されていた。『捜神記』には、越の山奥の話として次のような話を収める。これはおそらく越の人々のなかで、古くから伝承されていた物語だと思われる。

越の山奥に、大きさは鳩ぐらいで色は黒く、冶鳥《やちょう》と呼ばれる鳥がいる。大木に穴をあけて巣をつくる。この鳥は人が見えないと鳴き声を上げる。木こりはこの木が見えると、よけて通り、鳴き声から山を登るのか降るのか判断するという。もし鳴かなければ、その木を伐ってもかまわない。だが、もしも人の立っているところにきたないものが落ちてくるようだと、トラがそこへ現れるので、人が居残っていると傷害をうける。この鳥はときどき子どもほどの背丈の人間に姿を変え、谷川でサワガニを捕り、人間のそばに近づいて火であぶってもらうことがあるという（竹田晃訳『捜神記』〈東洋文庫一〇〉平凡社、一九六四年）。

物語に登場する鳥は、木こりに動物たちの世界を感得する手がかりを与えてくれる。さえずりを聞いて、トラが現れるのか否か、大木を伐ってよいのか悪いのかを判断する。しかし、鳥はなにも人のために鳴くのではなく、唐代伝奇には見られる因果応報では解釈しきれるようなものではない。鳥はときに人間の姿になる。しかし、背丈が小さな異形だとされ、伝奇に見られるような神や幽霊などとは異なる。おそらく、森の精霊なのだろう。琉球のキジムナなどと共通している。

『捜神記』によると、越の人々はこの鳥を越の巫覡《ふげき》の始祖と考えていたという。森の精霊が示す予兆を読みとれるものが、巫覡となったのだろうか。

山越

三国時代の二二〇年のこと、のちに呉の国を建てる孫権は、曹操の死後に魏王を継いだ曹丕《そうひ》から江南地域を治めよとの任命書を受けた。その一節に「君はよろしく風俗を導きやすんじ、百越を懐柔すべし。これをもって君に朱戸をたまい、もって居せしむ」(『三国志』「呉書」呉主伝)とある。「朱戸」とは功績のあった人に与えられた家の門を朱色でぬる資格のこと。東南山地の一角、富春から勃興した孫氏が担った課題とは、まさに百越対策だった。山地を開発しようとしていた漢族が孫氏を担ぎ上げたのも、百越とのあいだの抗争を解決してもらいたかったからだ。実際、呉に関する記事を読むと、山越と呼ばれる集団への攻略に明け暮れている様子が窺われる。この山越の性格については諸説がある。しかし、越系の文化を伝承していたことは確実のようだ。

呉の都が置かれた建康、つまり現在の南京を見下ろす山にも、山越が多く活動していた。南京南部の山地は地勢が急峻で、しかも東南山地とも接している。山で産する銅や鉄を鋳造して鎧甲・武器を作り、峻険な峰を駆け上がり、渓谷を走り抜け、マシラの如く木にはい上がる。孫権はその鎮圧に手を焼くとともに、自分の軍隊のなかに組み込もうとも考えていた。孫権はいう。「作物を痛める雑草であっても、手を加えれば良い草となろう。魑魅魍魎であろうとも、トラのような兵士とすることができるはずだ」(『三国志』「呉書」諸葛滕二孫濮陽伝)。山越の民を魑魅魍魎と呼ぶところから見ても、山越が中国文明とは異質な文化をになっていたことが判る。

呉は山越に代表される民を掃討すると共に、吸収することで北方の魏の国に対抗した。その執拗で硬軟とりまぜた百越対策は、越系の人々が地域ごとに分立していたこともあって功を奏した。三国時代に中国文化を受容することに抵抗した越系の勢力が壊滅させられると、東南山地は本格的な開発にさらされるようになる。

生き生きとしたヘビ

中国の文献のなかでヘビが生き生きと描かれるのは、三国時代から南北朝にかけての時代である。このときには、華北平原の戦乱から逃れるため、あるいは江南に新興した呉の国などに招かれたために、南方に移住するものが多かった。当時、東南山地はまだ漢族による開発がほとんど進んでいなかった。この空白地域に、ぞくぞくと漢族が入り、そこに住んでいた越の人々と交流を持ち始めた。移住した人々が見た東南山地の山河は、華北のそれとは異なる鬱蒼とした照葉樹林であり、そこで出会ったのは、漢文化とは異質な森の民の文化であったはずだ。

見るもの、聞くもののすべてが新鮮で、驚きに満ちていた。東南山地での見聞は旅をするもののあいだで語り継がれ、貴族たちのサロンで披露されることもあった。珍しい話は、ただそれだけで魅力を放っている。貴族のなかから、珍しい話を愛し、自分がパトロンとなっている文人に、書き留めるように命ずるものが現れるのも、ごく自然の成り行きであった。中国文学史のなかで志怪というジャンルに区分される『捜神記』や『捜神後記』などは、そうして成立した書物である。

かの陶淵明が編纂したと伝えられる『捜神後記』に収められた話。山中で狩をする猟師のもとに、ある夜、黄衣に白帯を巻いた身の丈が異様に長い人物が現れ、仇討ちの加勢を願う。猟師が承諾し、翌朝、約束の渓谷に行ってみると、北岸から音が聞こえる。その状は風雨のごとく、草木は四方になびく。南を見ると、そちらでも木々が波立っている。目に飛び込んできたものは、二匹の大蛇。長さ一〇丈(三〇メートル程度)はあろうかという大蛇が、渓谷のなかで互いに絡み合う。猟師は白い模様のヘビこそが昨夜の人であろうと思い定め、相向かう勢い盛んな黄色い模様のヘビに石弓を放った。黄蛇は即死した。日暮れ時、昨夜の人が再び現れ、ここに住み一年のあいだ猟をし、年が明けたら去るように、そして二度と立ち戻ってはならないという。その一年、猟師は獲物がすこぶる多く、巨富を蓄えた。数年後、獲るものが多かったことを忘れられずに山に戻った猟師は、そこで先の白帯のものと出会う。「二度と来るなと言い渡した警告は用を成さなかったか。仇の子はすでに成長し、君に報いようとしている。もはや手遅れ」と告げる。山を転げるように逃げ下る猟師の前に、三人の黒衣の人が現れる。身の丈は八尺(二メートル半ほど)、ともに口を張り広げ、猟師に向かう。猟師はたちどころに絶命した。

この志怪に登場するヘビたちは、ヘビの世界を生きている。なぜ二匹の大蛇が戦わなければならないのか、まったく説明はない。人間には窺い知ることのできない世界が山中にはあり、たまたま、ヒトがその世界に巻き込まれて、話が展開する。

魏晋南北朝に成立した志怪は、唐代になると作者の粉飾が施された伝奇に受け継がれる。中国文学史では志怪から伝奇への展開は、発展といわれるのだが、伝奇は人間中心の物語になり、理屈っぽくなる。そこではヘビも生彩を失う。

『伝奇』(九世紀なかばに成立)には、ヘビを思いのままに操る道士が活躍する物語が収められている。毒蛇に咬まれた役人を救うために、林の中に祭壇を設け、十里四方のあらゆるヘビを呼びつけ、ヒトに害を与えたヘビに毒を吸い出すように命じる。土色の一尺あまりのその蛇は、はじめのうちは渋っていたが、道士が叱りつけると背から脂汗を流し、しかたがなく役人の足の傷に口をあてがい、毒を吸い始めた。やがてヘビの皮が裂け融け、ついには背骨のみが地上に残ったと、その話は展開する。伝奇の中心は、もはやヘビではなく、尋常を超えた力を発揮する道士に移っている。

何事にも人間にこだわる中国の文化のなかにあって、志怪だけがヒトの力が及ばない森の世界をかいま見させてくれる。魏晋南北朝の華中には、トラが生息する人知を越える森が広がっていたのであろう。

「山居賦」

東南山地における開発が本格化するのは、南北朝の時代、北方から遊牧系民族が華北平野へ進出したのにともない、江南に逃げ出した漢族が諸王朝を展開させた。開発の担い手は、南朝を支えた門閥貴族だった。その代表例として、謝霊運の場合を見ておこう。

山水詩人と称えられる謝霊運は、東晋を滅亡の危機から救った謝玄の孫にあたり、貴族としての前途が約束されていたはずだった。ところが東晋が南朝宋に取って代わられると、前朝の名族に属していることが災いし、政界で疎んじられる。名族だという自負、才能に対する自信、そして政界における不運とが、謝霊運に山水の美しさを見いださせ、虚飾を排除した写実的な表現を与えたという(小尾郊一『謝霊運——孤独の山水詩人』汲古書院、一九八三年)。

謝霊運は山水の美をただ愛でていたわけではない。『宋書』の謝霊運伝には、「霊運は父祖の財産のために、資産が非常に豊かだった。奴僕も多いだけではなく、義理の縁故となった門生も数百人はいた。山をうがち湖を浚い働いて休むことがなかった」とある。ここに見える「門生」とは、国に対する納税などの義務から逃れるために、戸籍を有力者のもとに入れた人のこと。当然、人民を直接に把握したい国にとっては、謝氏のような存在はいまいましい。謝霊運はのちに湖面を干拓して耕地を拡大しようと図り、地方長官と衝突する。これが遠因となって、ささいな口実で広州にて処刑されることとなる。

また始寧の南山から木材を伐り出し、海に面した臨海まで延々と搬出路を開いたともある。この林道は天台山を貫通している。この作業に従事したものは数百人いた。謝氏のもとにいた門生をも動員したのだろう。伝には「臨海を治めていた地方長官の王は、山賊が出たと驚愕した。これが霊運だと知って、ようやく安心した」とあるが、実際は貴族のすることには口出しできないと苦々しく思っていたかも知れない。

百越の勢力をようやく排除し、その文化を同化したばかりの東南山地には、まだ手つかずに近い資源が眠っていた。そこを開発するためには用水路の整備、林道の開削など、多大な資金と労働力とを投下しなければならない。一般人のなし得ることではなく、謝氏のような莫大な資産と政治的な影響力のある門閥貴族にして、はじめて開発ができた。

謝霊運は、東南山地に属する始寧の地に、祖父が開いた広大な荘園を持っていた。その山野を開発のための下見を兼ねて歩き回るなかで、その土地の自然の美しさを発見し、いくつもの詩篇として描いている。なかでも長大な「山居賦」はパノラマを展開するかのように、この荘園の山水を描き出している。

「その居は湖を左にし江を右にする。往くとなぎさがあり、還るとみぎわがある。山に面して阜《おか》を背にし、東はけわしく西に傾いている」と別荘から景観を眺めたあと、詩人の眼差しは細部へと接近する。「近くの東には、上田と下湖があり、西渓と南谷がある。渓谷には石埭と石滂があり、門刑と黄竹がある。飛泉(水しぶき)を千仞に決し、高薄(竹藪)を千麓にしげらしている」と別荘に近い風景を、近東・近南・近西・近北とつらね、さらに遠東・遠南・遠西・遠北と視野を広げてゆく。ちなみに、「上田」から「黄竹」までは地名。荘園のなかには水田が広がっている。

その筆は景観を描き出すだけではない。水草、薬草、竹など荘園に自生する植物を列挙する。「其の木には、すなわち松、柏、檀、櫟、桐、楡……」と述べたあと、「植物はすでに載せた。動物もまた繁殖している」として、魚類・鳥類を取り上げたあと、「山の上にはすなわち猨、猑、貍、貛、犴、獌、猰、猛、山の下にはすなわち熊、羆、豺、虎、獂、鹿、麕、麖。飛枝を窮谷に擲げ、空絶を深硎に踔《たく》す。谷底にひざまずいて長々とうそぶき、こずえに攀って哀しそうに鳴く」。谷でうそぶくのはトラ、こずえで鳴くのはサル。謝霊運は身近に動物たちの息づかいを耳にしている。

先住の民を駆逐して開発の最前線にいるものが、無垢の自然美を発見する。この構図は、十九世紀前半に北アメリカ東部の森林で思索したヘンリー＝ソローなどとも共通するだろう。ただ、謝霊運にとって山野は鬱積した思いを鎮める場所だったところが、ソローと異なるかも知れない。霊運は心に闇を抱えて、山野を歩きまわっていたのだ。

村の形成

現在の安徽省南部から浙江省にかけての山間盆地では、宗族と呼ばれる同属集団を単位として村が形づくられている。一つの宗族は自らの歴史を族譜に記載し、受け継いできた。族譜はもちろん一族の名誉と繁栄のために作られるものだから、その記事がすべて信用できるわけではない。しかし、王朝が残した歴史からはうかがわれない、地域の歩みを知るには、格好の手がかりを与えてくれる。

多くの族譜を見るなかで、盆地開発のおおよその過程を頭のなかで描けるようになった。最初にこの地域に漢族が流入するのは、東晋から唐代の前半期だ。漢族は生態系のあいだの物資の流通経路をさかのぼり、河川に沿って山間部に入る。まず定住地として選んだ立地は、河川の支流が合わさる微高地だった。一つの盆地は一つの行政単位となることが多い。この微高地は県行政へと発展し、時代がくだって十五世紀ごろに倭寇の来襲が激しくなった時代に、城郭で囲われた県城となる。

東晋から南北朝のころ、盆地の底部にも照葉樹林が茂っていたはずだ。華北の落葉広葉樹林帯のなかで文明を形成した漢族にとって、表面がテカテカとした葉が茂り昼なお暗い森は、容易には足を踏み入れられない領域だったに違いない。門閥貴族はその資産を用いて林道を開き、山林へと開発を進める糸口を作った。森林伐採、木材搬出のときに、あるいはトラに襲われるものも出たかも知れない。しかし、まだ開発も慎ましいもので、トラとヒトとは十分に共存できただろう。

宋代になると東南山地の人口も増え、盆地間の移住が活発になる。移住民はすでに照葉樹林帯での開発の方法を身につけており、丘陵のあしもとや山麓に居住地を設け、周囲の樹林に火を放って開墾し、山から流れ出る渓谷の水を引いて、コメやムギを中心とする作物を植えた。燃料は山から薪を集め、飲用水は湧水を用いた。

当時もっとも理想的な立地は、河川が平野に流れ出る扇状地の頭部だ。そこを押さえることができれば、山にも近く、水の便も良く、将来的には平野部に向かって耕地を拡大する余地もある。あとから移住してきた人々に対しては、用水の喉元を握っているので、優位に立てる。東南山地の盆地を旅すると、現在でもこうした立地にある村には人口一〇〇〇人を超える巨大な宗族が居を連ねていることが多い。村に立ち寄り村史を尋ねると、しばしば宋代に祖先が開いたという答えを得る。

宋の皇室が南に渡り、臨安、いまの杭州に都が置かれると、東南山地に対する木材需要が高まり林業が盛んになる。さらに紙、墨なども生産されるようになり、良質の陶土が出るところでは木材を大量に必要とする陶業が盛んになった。ヒトが山に入ることが多くなり、トラとヒトとが遭遇する機会も、急増した。

黄山の南部の祁《き》門県では、南宋の端平元年(一二三四年)にトラが多く現れ、二千余人を傷つけたと記録にある。知県は人を募りトラ一一頭を捕獲した。このときの状況について、当時の県の役人の一人は次のように述べている。

「祁門県は丘陵が重なり、多くの峰が天を突くように聳え、雲が巻く岩の谷は深く、侵入を阻止する林と藪が茂っている。人跡の及ばないところでは、すべて虎と豹とが潜んでいる。年月を重ねるうちにその類は繁殖し、三頭・五頭と群をなし、牙を磨いて被害を及ぼすようになった。近年、その牙にかかったものは二千余人を数える。その出没するところは、農業を行う土地であるために、耕作や伐採の作業はことごとく廃れてしまった。……(県の役所は)賞金を増し、住民に毒矢や伏せ矢を支給し、網や落とし穴を山野に設け、射れば必ず命中するようにさせた。これより後、人々の心は奮い立ち、皆その勇気をふるって、つぎつぎと十一頭の虎を捕らえて献上した」(『祁門県志』)。

トラの側から見ると、トラの行動圏にヒトが大挙して流入してきたことになる。木材伐採・耕作は、山麓から河川をさかのぼって山地に及ぶ。トラの巣となる渓谷流域の藪が伐り開かれるときに、トラは自衛のためにヒトを襲った。トラがヒトに、山に入るなと警告を発している。しかしヒトは、生息する領域に伏せ矢、網、落とし穴を設け、トラを捕獲しようとしている。トラの警告は無視されたのだ。

宋代が山間盆地で社会の骨格が造られた時代だとすると、元から明代中期(十五世紀)までは肉付けがなされた時代だということができる。南宋時代に山間盆地の一つ婺源《ぶげん》で生まれた朱熹は、新しい儒学の体系を作った。元代にモンゴル族の統治のもと、南人と呼ばれ、官僚に登用される道が狭められた人々は、独自に中国文明を維持する必要に迫られる。そこで扇状地の頭部を拠点とする大宗族は、一族の子弟や近隣で有能な若者に教育を施すため、私塾を開き儒学者を教師として招いた。このとき私塾の授業内容として採用されたのが朱子学。私塾の教師のネットワークが朱子学を支えた。明朝を開いた朱元璋が手ごろな顧問団に彼ら塾講師を採用したため、ついに朱子学は国家イデオロギーの座に納まってしまう。しかし、これはトラにとってはどうでもいいことだ。

明代、盆地では山麓が人口飽和となり、それまで開発が進んでいなかった扇状地の傾斜地や、盆地の底部の湿地にヒトの手が加わるようになった。盆地の比較的平坦な土地は、すべてヒトの領域となり、トラが徘徊する空間はいっそう狭められる。

明代初期(十五世紀前半)、村々は山からおりてくるトラに対して、防衛体制を敷いている。ヒトの領域に踏み込み、村のあいだを縦横に走りまわるトラは、村に近接して設けられた檻に囚われ、落とし穴の底に仕掛けられた竹槍に突き刺された。里甲制と呼ばれる明代の村落統治制度に基づいて、住民がトラ対策に動員されたことが、史料から読みとれる。

明代中期の一五〇二年に刊行された『徽州府志』によると、祁門県には一一戸の猟戸が置かれ、毎年一戸がトラの皮一枚を献上しなければならなかったとある。その他にも商品としてトラが狩猟の対象となったと思われるが、トラの生息数に打撃を与えるほどの捕獲数ではなかっただろう。トラとヒトとが、微妙な均衡を保ちながら共存している状況がある。

第二章　林　業

植林と広葉樹林

一冊の本が書かれるにいたるまでに、作者は多くのものを流す。血を流して書かれた著作、涙を流した作品などさまざまあろうが、流された汗が多い順に本を挙げよというならば、刈住昇氏の『樹木根系図説』(新装版、誠文堂新光社、一九八七年)は先頭集団に入ることは間違いない。

この本が書かれるまでに、著者は日本に生えるほとんどの種類の樹木の根を掘り起こし、その形態を明らかにするとともに、ポンプで水を散水して土壌流出量と根の関係を調べたり、土壌に鍬を打ち込んで牽引して根と土とが分離する張力を測ったりしている。これらの作業を山の斜面で行っていることを思うと、いったいどれほどの汗が流されたのか想像するにあまりあるというものだ。私も黄土高原で調査のために、ポプラの根を掘り上げたことがある。春先のまだ肌寒い時期だったのに、満身汗みずくになってしまった。

日本固有種のスギ(Cryptomeria japonica)、中国の〈杉〉(コウョウザン、Cunninghamia lanceolata)、そして中国の照葉樹林に普遍的に見られる樹種に近似種のアラカシ(Quercus glauca)について、その汗

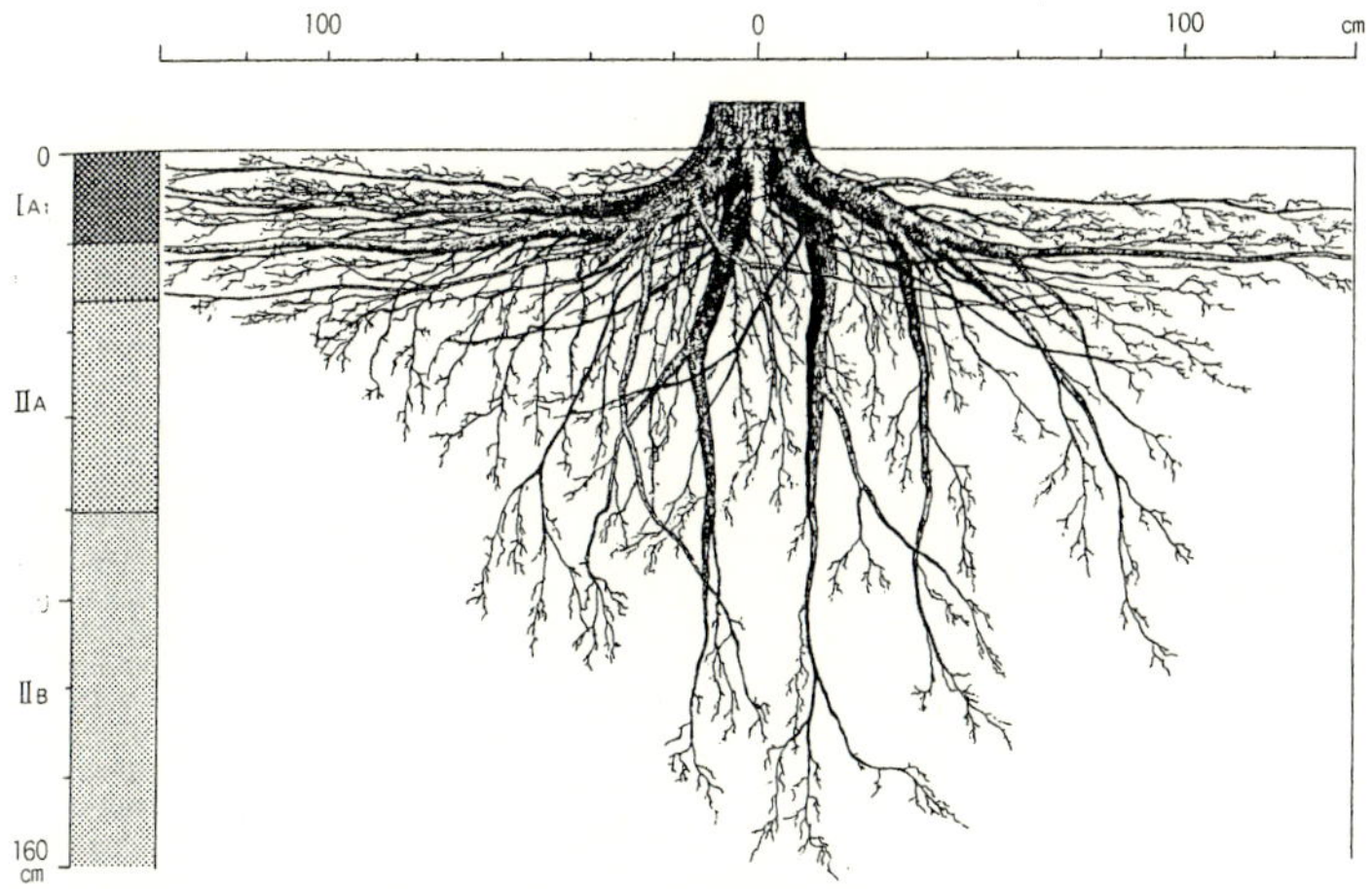

コウヨウザン．胸高直径 26 cm，樹高 8 m，樹齢 40 年，根系の最大深さ 160 cm，立地　関東ローム，目黒・林試

の成果を紹介しておこう。

スギの根の垂直分布は深根型、水平分布は中間型、分岐は中間型、細根は密生し太く、根毛は不明瞭。根系はまばらで土壌保持力が小さいが、樹木そのものを支える力は大きい。樹齢が二〇年以上になると側根の発達が著しく、最大の深さは二〇〇センチメートルに達する。

コウヨウザンの根は垂直分布は深根型、水平分布は中間型、分岐は中間型。全体に細根が疎らで、根毛は不明瞭だがいちじるしく疎ら、小・中径の根の分岐が少なく、根系の土壌保持力はきわめて小さい。根系の支持力は大きい。樹齢四〇年のもので根系の最大の深さは一六〇センチメートル程度。

アラカシの根の場合、垂直分布は中間型、水平分布は集中型、分岐は多く、細根は疎らで繊細、根毛は密生。根系は材質が固く、剛直で、小径根は針金状。小・中径根の分岐が多く、根系の土壌保持力と

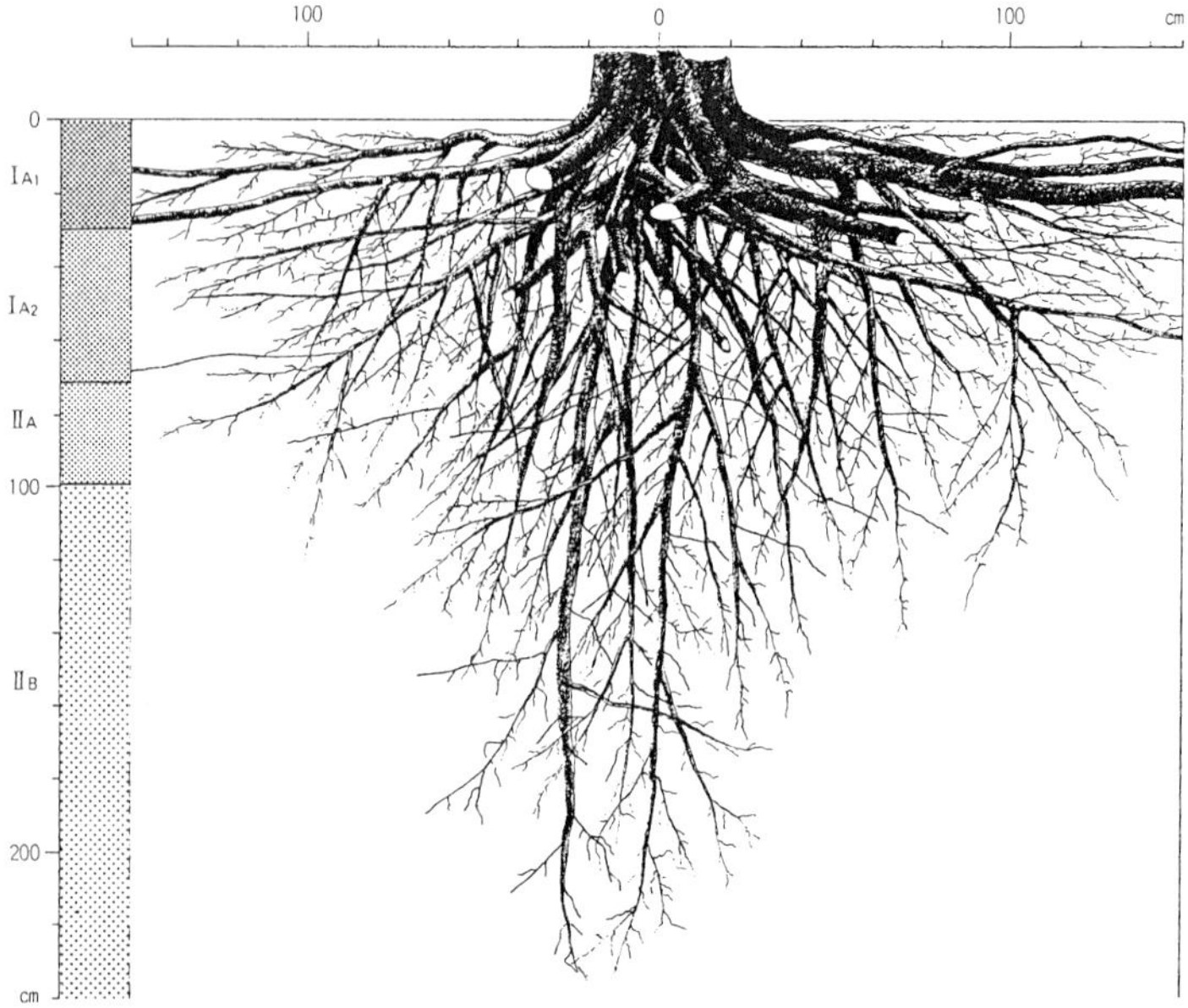

アラカシ．胸高直径 26 cm，樹高 13 m，樹齢 50 年，根系の最大深さ 240 cm，立地　関東ローム，目黒・林試

土壌緊縛力、樹木本体を支持する力はいずれも大きい。樹齢五〇年のもので根系の最大の深さは二四〇センチメートル。

刈住氏の研究成果に基づいて、十分に成熟した樹林が山崩れを防ぐ力の強い順番を考えてみると、おそらくアラカシ林、スギ林、コウヨウザン林ということになるだろう。山村に暮らす人の話でも、広葉樹林のほうが針葉樹林よりも地滑りを防止する効果があると聞いた。そのことを私も目で確認したことがある。

一九九一年九月、沖縄沖で急激に発達した台風一九号は日本列島を縦断し、各地に深刻な被害を与えた。私はその台風を沖縄の名護で体験した。生まれて初めて台風の目のなかに入ったので、忘れることができない。翌年の春、大分県の日田を訪ねる機会があり、台風の爪痕を実見した。美林とされていたスギ林は、一山ごとに捻り倒され、無惨な姿をさらしている。自衛隊が出て後かたづけに従事していた。

山仕事のなかで倒木の処理ほど危険な作業はないということを、このとき知った。捻り倒された樹木をチェーンソーで切ると、太い幹に予想もできない力が溜まっているので、突然、はじけることがある。このとき木片に当たると、打ち所が悪ければ命を落とす。日田でもすでに数名の犠牲者が出たと伺った。

その日は耶馬渓で宿をとった。その主人が語るところでは、戦後にスギの植林が強引に進められたとき、日田で反対するものがいたという。経済的な利益ばかり考えて密植したスギ林はモヤシになる、広葉樹林を残せ、せめて稜線と尾根だけは広葉樹を留めろ。その警告が今度の台風で正しかったことが判った。「宿の前、そら渓谷の向かいの山をみてください。あの山は険しかったので尾根に広葉樹が残っているでしょ。地滑りは尾根の弱いところから始まるものなので、あの広葉樹の林が山崩れを抑え、直接スギに風が当たるのを防いだんですよ」と教えてくれた。

植林と広葉樹林の関係は、中国の場合、どのようなものだったのだろうか。

風水

明代中期(十六世紀なかば)以降、中国の東南山地でもコウヨウザンの植林が盛んに行われるように

コウヨウザンの植林地．黄山のふもとにて．（撮影：筆者，1997年）

なった。蘇州を中心とする経済発展が、木材に対する需要をたかめたためだ。特に黄山は新安商人と呼ばれる交易の担い手の出身地でもあったので、山地に少なからざる資本が投下され、広葉樹林が伐り開かれてコウヨウザンに植え換えられた。

トラの生活も当然のことながら大きな影響を受けた。まず広葉樹林からスギなどの針葉樹林へと林相が変わったために、山林の小動物の数が減少したと思われる。広葉樹の葉を餌としていた昆虫や草食動物は、コウヨウザンなどの針葉樹の葉を食べることはできない。また、コウヨウザンは裸子植物であり花をつけない。花に寄る昆虫が減少すれば、その昆虫を餌とする鳥や雑食性のサルなども減少する。さらにドングリや果実なども実らせることがないため、ヤマアラシやイノシシなどの動物も姿を潜めたと想像される。これらのイノシシや鳥や小動物、昆虫はトラの餌であり、コウヨウザンの植林が広がるにつれてトラは餌の不足に悩むことになる。そのためにトラが平野部におりて、家畜などを襲うことも多くなった。

トラの領域は狭められたものの、絶滅に追い込まれるまでにはいたらなかった。その理由としてこの地の住民が、風水を大切にしていたことが挙げられる。

風水は日本でもすっかり馴染みとなってしまった。大地を流れている〈気〉を読みとり、その流れを自らの都合に合わせて修正して、吉凶禍福を操作する環境認識の方法、および環境改変の技術だと要約することができようか。風水の発想は、人体に気が流れている経絡が巡り、それが体表の近くに出ているところがツボだという中国医学の経絡説に対応する。大地を流れる気の経絡は、〈竜脈〉と呼ばれ、山脈に沿って走っている。ものに生気を与える陽の気は、地形にも活力を与え、隆起させるはずだという連想に支えられた地形の認識方法だ。

大地を走る竜脈は、一般に崑崙山に源を発するとされる。なかには明末の風水書『地理独啓玄関』などのように、すべての山の根源は須弥山だとするものもあるが、中国に関する記述はどれも似たり寄ったり。根源の山から五本の〈幹竜〉が発し、そのうちの三本(北幹・中幹・南幹)が中国国内に延びている。南幹は長江の南側を走って東南山地にいたり、そこから海を潜って台湾島の北部に通じていると言われる。

竜脈を流れる気を人間界に取り込む仕掛けが、要所に配置された祖先たちの墳墓だ。墳墓の立地を

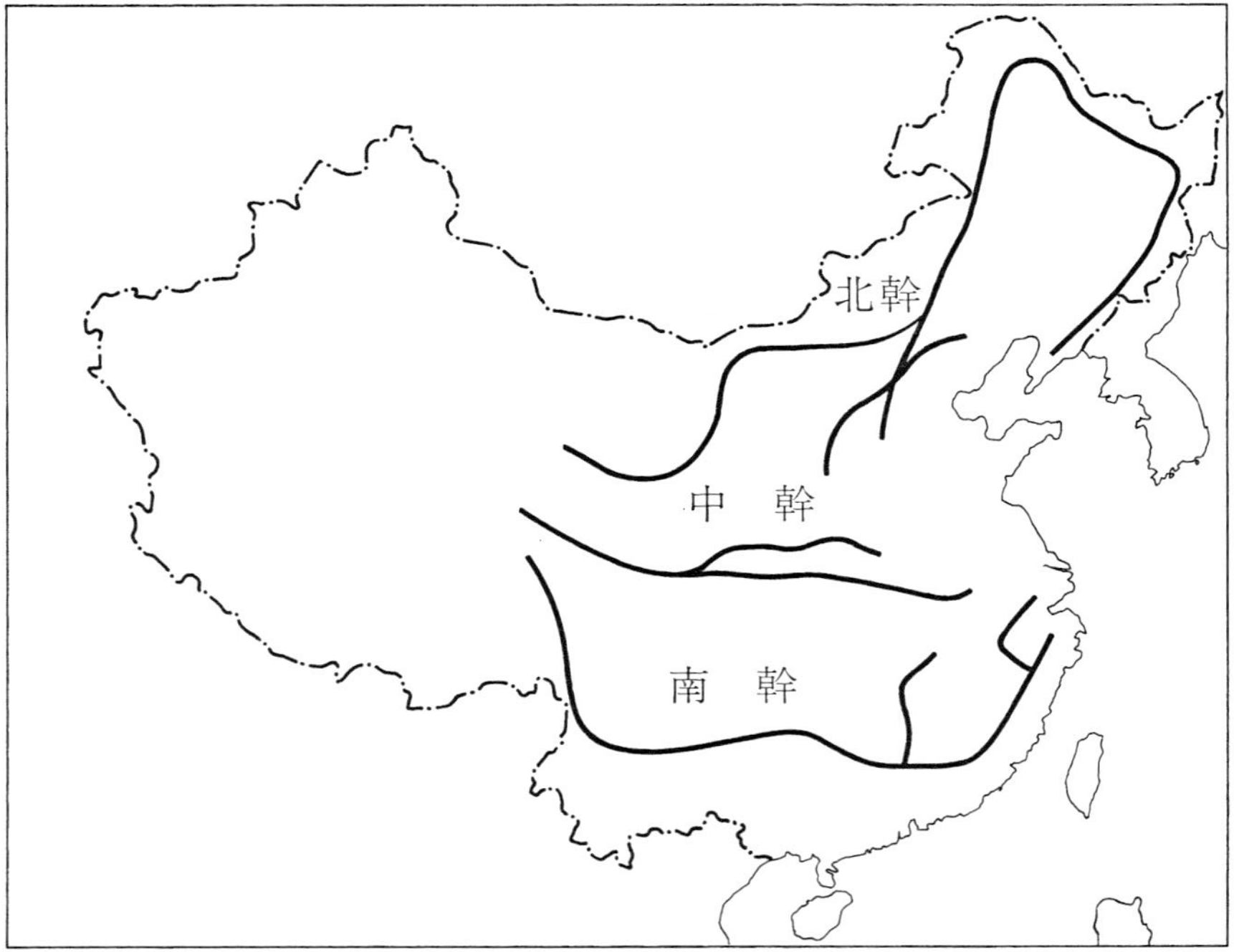

竜脈三幹．崑崙山というなかば空想上の山から発した竜脈は，中国に三本が走っているとされる．

誤らなければ、そこに祭られている人の子孫は、福に恵まれると考えられていた。竜脈から活力みなぎる気の供給を受ける地点に祖先の遺骨を埋葬すれば、骨は気を浴び、その気は子孫の骨と感応して子孫にもたらされるとする発想が横たわっていたと思われる。いわば墳墓は竜脈に取り付けたコンセント、祖先の骨は子孫に気を導き入れるプラグのようなものだというわけである。

竜脈を流れる気は、何もしなくても墳墓に供給されるというわけではない。しばしば竜脈は地中を潜行する。尾根に茂る樹林は、気を地表近くまで引き上げるポンプのような働きをすると考えられた。そこで、人々は墳墓の風水を保護する目的で、〈蔭林〉と呼ばれる植生を蓄え養っていた。蔭林は手をつけてはならないとされ、宗族集団が樹木の伐採を禁止した。永く保全された蔭林は、極相に近い状態になった。山麓に近い尾根では照葉樹林が、標高の高い稜線には落葉広葉樹林が茂っていたと考えられる。

山林の開発が進む十六世紀後半から十七世紀にかけて、広葉樹林に棲むツキノワグマ(Selenarctos thibetanus、中国名は〈黒熊〉)やオオカミ(Canis lupus)などを見かけなくなった山域が見られるようになった。これらの動物は、標高が低い広葉樹林や多少は人の手の入った雑木林に棲んでいた。これらの樹林がコウヨウザン植林地に置き換えられたことで生息域が狭められ、絶滅に追い込まれたためだと考えられる。ところがトラは、十八世紀までは元気に各地で出没している。トラは山稜を一夜で駆け抜けることができる。稜線に広葉樹林が連なっていれば、その回廊をつたって山から山へと移動できる。その行動域の広さのために、かろうじて生き延びられたと推定される。

棚民

清代中期の乾隆五十三年(一七八八年)、黄山周辺で五月に降り始めた梅雨はいつまでたっても止むことなく、七月まで続く長雨となった。祁門県は、「各地に潜んでいた蛟《みずち》が一斉に暴れ始めた」とたとえられるような大洪水に見舞われる。怒濤の音がわき上がり渦をまき、水に流された鶏が鳴き犬が吠え、人は楼閣に登り、水の上にかろうじて出ている屋根にしがみつく。天に許しを乞い祈りを尽くしても、四方の黒雲は凝集して晴れることがない。死体が各所に流れ着き、埋められていた棺桶までも押し流されている。屍には五体満足なものは少なく、棺桶もおおかた破損して遺体がむき出しになっていた。

このときの洪水は、確かに例年よりも雨量が多かった。しかし、洪水の被害が大きくなったのは人災であった。そのときの洪水が、これまでのものとは異なることは、洪水のあとになってはっきりしてきた。水が引いたあと、耕地には土砂が大量に堆積し、流されなかった家屋に足を踏み入れると、泥が床の上に数尺(七、八〇センチメートル)も沈殿していた。こうした状況は、かつての洪水には見られなかったことだ。

祁門に住む汪姓の族譜には、その大洪水の様子を描写した「洪水嘆」と題された詩篇と解説文が掲載されている。

解説には、次のようにある。「洪水の由来するところを推し量ってみるに、山を開墾したことがこの害毒を引き起こした。祁門県の山々は、もとは竹木を産するところであった。ところが貪欲な子弟たちが、県外から人を招き入れ山谷を開削し、利益を図ってトウモロコシを植えさせた。山林や山麓に蔓延し、草木の根を根こそぎに掘り起こし、まず山を禿げ山にしてしまった。竜や蛇のすみかの洞窟は安らかではなくなり、蛟《みずち》や蜃《おおはまぐり》は、もはや落ち着いてはいられない。雨が降るたびに、すぐに流出して留まることがなく、水は土砂を巻き込んで勢いをつけ、田畑を押し流す。山からわき上がる水をして、陸の上に海を造らせる。このように大きな損害は、百年を費やしても回復させることはできない。ああ、悪例の発端を開いたものの罪は、万死をもってしても贖うことはできない」。

「洪水嘆」の作者は、大洪水が単なる天災ではなく、山林を開墾したことが引き起こした人災であるという。山林の消滅が山地の保水能力を減少させるとともに、山地の土砂を浮き上がらせる。そこに大雨が襲うと、山の斜面で土石流が発生し、平野部に土砂を一気に押し流す。流れ出た土砂は、水が引いた後も耕地や村落のなかに残される。そのために、復旧は困難になり、平地の農業生産が回復するのも遅れることになる。

祁門県の山地に移民が入植し始めたのは、乾隆三十年代(一七六五〜七四年)で、安徽省の北部の平原に位置する潜山や桐城などの出身者が多かったという。外地から来た人々は、〈棚民《ほうみん》〉と呼ばれた。同じ時期に秦嶺山脈で木材伐採業や製鉄業に従事し、安価な食料としてトウモロコシを生産し、山を荒らしていた人々も彼らと同じように棚民と呼ばれた。

史書によると十六世紀後半、福建省と江西省とにまたがる地域に最初に棚民が現れた。「さきに多くの福建人が藍を栽培し、小屋掛けして住んでいた。これに飢えた民が合流し、付近の村々を蚕食するようになった」(陳泰来「東郊破賊紀略」、同治『新昌県志』巻八、武備)とあり、福建からの移民を皮切りに、少なからざるよそ者が流入したことが分かる。

これらの人々は中国語で〈棚《ポン》〉と呼ばれる仮設小屋で寝起きしたので、〈棚民〉と呼ばれ、藍の他に、麻などを栽培した。いずれも商品として生産されたものだ。藍は当時、蘇州周辺で急成長した綿織物業が必要とした染料として、また麻は福建沿海地域での造船業の需要を満たすために、取引量が増大していた。この時期の棚民の場合、まだトウモロコシをその経営に組み込んでいなかった。

福建省はトウモロコシ伝来の経路の一つとみられ、十六世紀末には平野部において他の地域に先駆けてこのアメリカ大陸原産の作物が栽培されていた。十八世紀にすでに山地に入っていた棚民が、この作物を取り入れ、自らの食料を自給することで支出を切り詰めることが可能となった。棚民は商品生産からあがる収入を蓄え、まとまった金額となったところで山地の権利保有者から土地の使用権を借りる。

「洪水嘆」が明言しているように、棚民に山林を開墾する権利を与えた宗族内の「貪婪なる子」がいた。竜脈に活力を与える樹林を保全していた宗族も、目の前に現金を積まれるともろいものだ。十八世紀後半ごろに宗族の秩序が動揺し始めた。「不肖の子弟」と非難されるものが、宗族が管理している山林などを売却する。こうした行為は、たとえば祠堂を立派にするといった表向きの理由で粉飾され、同族内の有力者をも巻き込みながら進められたと思われる。

棚民が流入すると、実利を生み出さなかった尾根の広葉樹林が、にわかに多額の権利金をもたらす土地に変わる。黄山では森を焼き払う煙がいたるところで立ち上るようになった。稜線や尾根の広葉樹林が伐採されて商品向けの作物が栽培されるようになったため、山は災害に対してもろくなった。大雨が降ると尾根筋から土壌が流失し、わずかな亀裂が広がり、崩壊する。いったん上から地滑りが始まると、山腹のコウヨウザンの植林地もひとたまりもない。大量の土砂が河川に崩れ込み、畑を壊し田を埋める。

十八世紀なかば、トラの被害が急増する。それも山を追われたトラが、人里に現れたり、山奥を開墾するために入った棚民を襲うようになったためだ。トラが駆け抜けていた広葉樹の回廊は、いたるところで寸断された。限られた区域に押し込められた野生動物は、きわめてもろい。区域内の個体数が一〇〇頭を下まわると、繁殖可能な個体はわずか四〇頭以下となり、近親交配が避けられず、遺伝的な多様性を失う。雌雄のバランスが少しでも崩れれば、遺伝子レベルの劣化に加速度がつく。洪水・伝染病などの自然災害が引き金となって、区域内のトラがすべて死に絶えるおそれが生まれるのだ。

十九世紀に入ると、トラの被害数は激減する。これは、区域に分断されたトラが次々と絶滅に追い込まれたことを示している。ヒトの世界を包み込むような森は、山のところどころに細い断片として散らばるに過ぎない。もはや「谷底にひざまずいて長々とうそぶく」トラの気配を感じることはできなくなった。闇は失われた。

鳳凰が去った村

山林と村との関係は、歴史のなかでどのように展開してきたのか、私自身が調査した村の事例を紹介しておこう。場所は鳳渓村、寧波から南に下ったところにある天童山の懐にいだかれた山村だ。この村では八五年と九〇年の二回、聞き取りを中心とするフィールドワークを行った。

村の住民の大半は、王姓を名乗る。この宗族の祖先が明代末期に平野部から移り住み、村を開いた。村には次のような話が伝わっている。

むかし村の前を流れている小川に、一羽の鳳凰が舞い降り、卵を産み落とした。それからは、村は毎年のように天候に恵まれ、五穀は豊穣。村人は鳳凰に感謝して、その小川に鳳渓という名をつけ、村の名もそれにちなんで鳳渓村と呼ばれるようになった。

ところが、村に心のねじけたものがいて、この幸福を独り占めにしようと考えた。ある日、鳳凰を捕らえようとしたところ、その鳥は人の心を見通して、飛び去り二度と戻ってこなかった。それ以来、村は日照りに悩まされ、大水に苦しむようになり、貧しくなってしまった。

この話からは、村をとりまく環境の変化を窺うことができる。明代末期は、王朝が交替する騒然とした時代だ。人口が稠密になっていた平野から、安住できる場所を求めて人々が山に入った。川をさかのぼり、渓谷をたどってゆくと、少し開けたところに出た。山に囲まれ、水は美しい。ここに居を定めると家族を呼び寄せ、森を伐り耕地を開いた。はじめのうちは森が蓄えた地力に支えられ、開墾したばかりの土地で豊かな作物が収穫できた。山にはまだ樹林が広がっていたため、渓流は旱魃になっても涸れることはなく、暴風雨が襲っても溢れることはない。慎ましく豊かな生活が繰り広げられていた。

ところが鳳渓村が豊かだということをうわさに聞いた人々が、続々と移り住んでくる。王姓の一族も、人口が増えた。十七世紀、清代も半ばになると、村は次第に貧しくなり始める。十八世紀後半から十九世紀初頭にかけて、天童の山々にも浙江省南部や福建省から、棚民が流入し、藍やトウモロコシ、サツマイモを栽培して山を開くようになった。一八二〇年ごろには、大雨が十日以上降り続くと、山の水は一気に谷に注ぎ、河川流域の水田を水没させるようになった。鳳渓村は、近隣でも貧しいことで知られる村となってゆく。

天秤

聞き取りに応じてくれた村の老人は、二十世紀の三〇年代にこの辺りで歌われていた囃し歌を教えてくれた。

三山寺磭鳳下渓　　三山、寺磭に鳳下渓
少蓋夜半被　　布団を掛けずに、夜中に起きる
来回四十里　　行き来きすれば四十里

挑柴去換米　　柴を担いで米にする
一天下雨叫黄天　　一日雨が降れば天を仰ぎ
三天下雨断火煙　　三日も降れば煮炊きもできず
有囡不嫁鳳下渓　　鳳下渓には嫁やるな

鳳下渓とあるのは、鳳渓村の別名。言葉を補いながら歌の意味を明らかにすると、次のようになる。鳳渓村やその近くの山村の三山・寺畧では、村人は夜半に目が覚めるようにと、布団を減らして寝る。それは、前日に山から伐り出しておいた柴を朝市に運ぶためだ。村から市の立つ町まで往復四〇里(約二〇キロメートル)、この道のりを柴を担いで行く。

村では耕地が少なく、農業だけでは生活が立ち行かない。これといった副業もなく、村人の唯一のたつきは、柴を山林から伐り出して、需要のある平野部に運んで売ることだ。柴を刈る雑木林は、入会地のようなものではない。山地地主は地元の人が多かったが、なかには上海などに住むものが、墓を造るために山林を買い、その使用権を村の人に貸していることもあった。柴を伐り出そうとする村人は、地主から山林で作業する権利を借りる。小作料を地主と相談し、話がまとまれば先に小作料を支払ってから林に入る。

並の男ならば、約九〇キログラムの柴を天秤に振り分けて、平野と山地との接点に位置する町まで運んだ。支え棒を携え、天秤を載せていない肩に置き、首の後ろで天秤と交差させ、荷の重さを両方の肩に分散させる。天秤を載せた側の肩が麻痺したときは、天秤にはずみをつけて反転させ、うなじを渡らせて逆の肩に移す。休息するときにも、天秤を地面に置くことはしない。支え棒の上に天秤の中心を載せて、立ったまま休む。このために支え棒は、二股に分かれた木材を使う。

町では柴の値が高いときには、一担(天秤で一回に運べる重さ、九〇キログラム程度)で米一四キログラムと交換できた。しかし、冬には農作業ができないために、近郷の村から一斉に柴が集まってくるため価格が下がり、一担が米六キログラム程度にしかならないこともある。ただし冬でも雪が降り積もれば、山から柴を伐り出して運ぶ作業が困難となり、柴の価格は上がる。しかし、雨が降り続くと湿った柴には買い手がつかず、村人は食べるものにも事欠くことになる。このような貧しい村に、娘を嫁にやろうとする親はいない。貧しい村は、どこでも嫁日照りだ。

宗族と山林

村を取り囲む山林を保護、育成したのは、宗族だった。規約を定め、伐採する樹木の太さや本数などを決めた。違反者が出ると族長の名義で宴会を行い、その費用を違反者に負担させた。植林をするときには、族長が山の神に祈りをささげ、族長がみずから作業する人に苗木を手渡すという習慣もあった。

しかし、宗族は村のために山林を育成していたわけではない。たとえば鳳渓村の王姓については族譜に次のような記録が見られる。祖先祭祀を行うのに族長の家に一族が集まっていた。二十世紀の二〇年代、王姓の有力者のあいだで「それでは不便だ、一族の名誉のためにも、祖先の位牌を安置する建物を建てるべきだ」という意見が交わされるようになった。宗祠とか家廟などと呼ばれる建物のことだ。

一九二五年、ある王姓のものが山の大木を伐採しようとした。この人物に対して、宗族内の有力者が、「この木をどうして宗祠のために寄付しようとしないのだ。そうすれば千載の美挙となり、千年ののちまでも美名をのこすことができるのに」と説得した。これが契機となって、王姓の人々は自分が所有する山地の樹木を次々に伐り倒し、宗祠建設のために寄付をした。石碑が立てられ、誰がどれだけ寄付したかが刻まれることになっていたので、無理をしてでも寄付をしないわけにはいかなかったのだという。

いよいよ建設に着工するという段になって、資金がどうしても不足することが明らかとなった。有力者たちは、山のなかにある祖先の墳墓の周辺にある樹木をも伐採して、建築用材とすることを提案した。ところが王姓のひとりの女性が、自分の父母の墓のわきに生えている樹木を伐り倒すことに反対した。族長はその女性を打ち据えて、同意しなければ新しく立てられた宗祠に足を踏み入れることを許さない、祖先祭祀の場に同席することも認めないと圧力をかけた。ほとんど村から追放するのと同じような処置だ。ついにその女性も、同意せざるを得なかった。こうして山が荒れ、立派な宗祠が一九二九年に完成した。

社会主義下の森林破壊

一九四九年に中華人民共和国が成立したときには、村の周りには山林と呼べるものはすでに無くなっていた。五〇年代には政府の強力な指導のもとで、農業の集団化が押し進められ、鳳渓村でも互助組から始まり、数度の編成替えを経て、一九五八年に人民公社が組織され、鳳渓村は天童区人民公社・天童営に属する勤勇第七耕作連隊となった。営や連隊という名称からも窺われるように、当初の人民公社はアメリカを仮想敵国とする軍事的な組織だった。人民公社の成立と同時に、村は大躍進運動に突入する。

イギリスを追い越し、アメリカに追いつくという性急な発展政策のもと、鳳渓村では鳳渓の上流部にロックヒル方式のダムを人海戦術で建設した。男はもちろん、村の女も駆り出され、農業に必要な労働力すら確保できなくなり、生産量は激減する。むろん山林を管理するゆとりも組織もなく、山は前にも増して荒廃する。

一九六〇年には大躍進で期待された目標が達成できないことが明らかとなる。天童区人民公社の指示により、鳳渓村周辺の樹木は大量に伐採され、売却されて農民に対する給与の補填に充てられた。六二年にはついに飢饉に陥った。人が飢えれば山も荒れる。正月には食料が底をついた家が現れ、村人は集団作業には見切りをつけて、こぞって山に入ってわずかに残っていた竹や木を伐採し、タケノコを掘り起こして平野部の町に赴いて米と交換した。多くの餓死者を出して大躍進が終了したとき、村から三キロメートルの範囲の山には、ほとんど一本の木すら見あたらないといった状況になった。

顔に眉がない

森林破壊が頂点に達したとき、鳳渓村では逆転が起きた。しばらく村から離れていた一人の青年が、大躍進の痛手から脱しようともがいていた村に戻り、山に緑をよみがえらせることの必要性を説き始めたのだ。

「山に木がないのは、頭に毛がなく、顔に眉がないのと同じことだ」。

その青年、王信徳の言葉は、私が調査したときにも村人の記憶に刻まれていた。

王信徳は一九三八年生まれ、八歳から一年半、王姓の祖先が祀られている宗祠で開かれていた家塾に通い、読み書きの基礎を身につけた。家は貧しく、十一歳のときから水牛の牧童として村の金持ちに雇われ、農繁期には稲の収穫を手伝った。手当はもらえず、ただ食事だけ与えられたという。

十九歳のとき、当時は鉄鋼を中心とする鉱業生産を重視していた時期だったので、寧波地区に来た地質調査隊に加わり、さまざまな雑用をこなした。露頭を求めて山地に分け入ることが多い。山間の村々を渡り歩いているうちに、一つの法則のようなものに気づいた。

周囲の山に樹林が豊かな村では、農業生産も安定していて発展しているという関連だ。

二年後、天童の農場で働き村の行政を体験的に学ぶとともに、共産党員となり、一九六二年に自分の生まれた鳳渓村に戻る。当時、村は生産大隊となり、村人は九つの生産隊に編成されていた。王信徳は第二生産隊の隊長に抜擢された。二十四歳のときだ。

第二生産隊には二〇戸あまりの農家が属していた。王信徳は食料を先ず確保するために、山にジャガイモを栽培した。飢えから脱する見通しが立つと、翌六三年に造林に取り組んだ。村の北側の斜面に、コウヨウザンとマツを三〇〇アールほど植えた。他の生産隊のメンバーからは、奇妙なことをするものだと見られていたという。

王信徳は山林を生産活動に組み入れた。竹を裂いて編み上げる技術を第二生産隊のメンバーに習得させ、計画的に伐り出した竹を加工して販売した。農業ばかりでなく、山林を基礎とする多角的な経営のために、彼が指導する生産隊はほかと比べ、活発な動きを示すようになる。

村が本格的に文化大革命に巻き込まれたのは、一九六七年の夏ごろから。村のなかに戦闘隊と造反派という二つのグループが形成され、「革命に罪なし」「ヒツジになるより、小さくてもトラになろう」などのスローガンを掲げ、互いに攻撃しあった。混乱し始めた生産活動をなんとか維持するために、村内に作業グループが組織されると、第二生産隊の実績が評価された王信徳がリーダーに選ばれた。

彼は村全体で緑化に取り組み始める。当時は「農業は大塞に学べ」というキャンペーンが中国全土で繰り広げられていた。山西省の大塞人民公社の生産隊が、人海戦術で自然環境を改変して生産を向上させたとして、社会主義農村のモデルとなっていたのだ。寧波地域の山村でも、このキャンペーンを文字通り受け取って、山地を開拓して農地を造成するところもあった。しかし、鳳渓村ではこのような動きには同調せず、いままで以上に山林の保護、育成に力を入れ、孟宗竹や茶木の移植を盛んに進めている。

山林を造り、その山林に向き合うことで、村にも変化が現れた。社会主義化以前の鳳渓村には、宗族ごとのまとまりはあったが、村全体をつなぐきずなはなかった。五〇年代から六〇年代には、政府の政策として集団化が進められたものの、村人自身が村をまとめる必要を自覚していたわけではない。しかし、村の周囲に山林が育ち、村として管理をしなくてはならなくなると、村人は力を合わせ始める。山林から収益が上がるようになると、その利益を村の事業に投資することが可能となる。この事業を核にして、村人の結束が強化される。村が緑を守り、緑が村を育てる。こうした循環が鳳渓村で始まったのだ。

緑と村

留学中の一九八五年の五月に村を訪ねたとき、最初の印象は山に樹木が多く、村に竹林が多いというものだった。よく見ると尾根には広葉樹を中心とする雑木林、山腹で傾斜が急なところには茶畑、緩やかな傾斜地にはコウヨウザン、村の周囲の山麓には竹林といったように、樹林の配置には工夫が見られる。村にはかなり規模の大きな村営木工工場があり、周辺から伐採された木材を電動のろくろなどを用いて加工していた。

五年後に再調査したときには、夏だったこともあるのだろうが、以前よりも林の緑が深くなったように思われた。山林を管理するために、この五年のあいだに森林管理隊が組織され、伐採・造林・茶業の三つの組に分かれて、盗伐の監視、育苗や植林の作業、伐採の管理、造林技術の向上などを担うようになっていた。総勢一〇〇人ほど。

たとえば伐採組の仕事は、山林の保護と合理的かつ計画的な伐採を進めること。定期的に山林に入り、〈封山〉と呼ばれる伐採禁止区域で木を伐ったり枝を採っている人を見かけると、きびしく注意して木材などを没収し罰金を徴収する。封山は山林面積の三割程度を占め、五年ごとにその区域を切り替えて行く。植林は公設の林業科学ステーションと協力して、山地の土壌・傾斜・日照などの条件を勘案して植林を進める。村にも苗圃があり、コウヨウザンを中心に苗を育てている。また、山林のなかに点在する墓地は林業の妨げになるので、村長を通じて墓の移転などを指導しているとのことだった。

村の人に案内されて、大躍進時期に建設されたダムを見に行ったとき、尾根づたいに森林管理隊のリーダーたちが山から降りてきた。これから植樹する斜面の状況を下見してきたところだという。隊は村の若手を中心に構成され、精力的に山林の管理を行っているように見受けられた。

村で印象に残ったことがある。村でたまたま知り合った小学生に、村から見えるピークの名を教えてもらった。すると、どんなに小さなピークでも、たちどころに答えてくれるのだ。どうして山の名前を知っているの、と尋ねたところ、父親と山に入るたびに、小高くなっている場所はどういった名で呼ばれ、そこにはどんな林があるのか、といったことをあれこれ教えてもらうのだと答えてくれた。山村に住んでいる人が周囲の山の名を知っているのは当たり前と思われるかも知れない。しかし、周囲の山が荒れている村では、村人は小さなピークの名を答えられない。山と村人との関係は、村人の生活を左右する山林が仲立ちしているのだ。

台風

村落調査のために滞在していた鳳渓村で、台風に遭遇した。一九九〇年の夏のことだ。聞き取りを重ねて、村と山林との関係史がほぼ明らかとなり、しめくくりに村の幹部と話をしていた。風が次第に吹きつのり、事務室の窓枠がきしみ、窓の外では雨も強弱をつけながら、横なぐりとなってきた。突然、電話が鳴る。村長が受話器を受け取る。東南山地の全域に被害を与えながら北上してきた台風が、夜に寧波に上陸するとの予報が出た、山崩れ増水などに細心の注意を払い、被害を出さないようにしろ、という行政機関の上級からの指示だという。事務室は慌ただしさを増し、村長は村内有線電話で各所に連絡を取り始めた。とても聞き取りなどを続けられる状況ではない。

夜に入って、風雨はますます勢いを強めた。私はすでに一週間ほど村に滞在していたので、疲れと慣れない料理とに胃腸をやられ、腹を下していた。農家に寄宿させてもらっていたのだが、便所に行くには中庭を突っ切らなければならない。台風の接近とともに、腹の痛みも風雲急を告げ始めた。傘も吹き飛ばされて役には立たず、ぐっしょりと濡れて用を足しに行く。部屋に戻ると濡れているために身体が冷え、またすぐに腹に痛みが差し込む。辛かった。中庭にでるたびに、暗闇のなかで山の雑木林が揺れ、山のふもとの竹林がしなっている様子が、脳裏に焼き付けられた。

翌朝、台風は通過していた。寧波地区の山村では、少なからぬ地点で土砂崩れが発生し、死者も出たという。鳳渓村は、ほとんど被害を受けなかった。

第三章　植　物

体　感

中国の森林を歴史的に調べてみようと思い立ち、それまでは注意を向けてこなかった木々の名を覚えるように心がけてきたが、まだ底が浅いものだから、木の葉を触り、木の肌を撫でて、それと判るものはさほど多くはない。しかし、林に足を踏み入れて木の名を言い当てようとするとき、自分自身の心の震えを最近はっきりと感じるようになってきた。どうも私のなかには特定の樹木に共鳴する体感が潜んでいる。それはクスノキやスダジイであったり、モチノキやウバメガシ、シキミやヒサカキであったりするのだが、それらの木々が茂っている森に入ると、心が不思議と波立つ。いずれも常緑広葉樹であり、照葉樹林を構成する木々だ。

木に向かったときの心の動きに自ら驚きながらその理由を尋ねてみると、子どものころの記憶にたどり着く。私は東京の西片という町のはずれで生まれ、今までの人生のほとんどの時間をそこで過ごした。その町は明治初頭に由来がある古い住宅地で、先の八〇年代後半のいわゆるバブル経済のときに町並みが崩れ去ってしまうまでは、各家の庭先には必ず庭木が植えられていた。私の家の庭にも、モチノキとツバキが各一本、家の壁や塀の陰のそこかしこにはアオキやヤツデ、それにヒイラギが植えられてあった。

春先には香りを放つジンチョウゲに潜り込み、夏になるとヤツデの葉を集めては遊び、秋にはモチノキの青い実をパチンコの弾とした。そして冬には、そのままの姿で地に落ちたツバキの花を集めた。アオキの赤い実はおいしそうだけれども、口に入れてみると青臭くて食べられない。ヤツデの葉を水に浸して揉むと、石鹸のような泡が立つ。庭木を相手にして一年を通して遊ぶ中で、私は五感を養ってきた。

子どものころ、私の身近に在った木々、モチノキ、ツバキは常緑広葉樹の代表で、アオキ、ヤツデなどは照葉樹林の低木層を構成する樹木だ。背丈の小さかった当時の私にとって、一年を通して葉を茂らせている庭木の根本は、ときにはトンネル、また迷宮でもあり、隠れんぼの場でもあった。そういえば隠れた拍子に、ヒイラギの葉にひっ掻かれたこともあった。

今でも常緑樹の葉を手にすると、つい揉んだり口に含んだりしてしまう。クスノキの葉を潰すと香りが手にしみる。ニッケイの葉にも同じような香りがあると思ってよく見てみると、葉の付け根からスゥーと左右に二本の葉脈が分かれ出ており、クスノキと同じ仲間であることを発見する。植物に詳しい人にとっては当たり前で驚くにも値しないことなのかも知れないが、自分の五感でそんなことを確かめる度に、心の震えを感じる。

越の山々

杭州で一年あまりを過ごしたある知人が、江南の春を思い起こして、その情景をこんな言葉に要約してくれた。「春になると周囲の山々は、輝きながら一回り大きくなる」。

杭州の西南には天目山が走り、夏の満月のときに潮が逆流する銭塘江、古くは「浙」と呼ばれた河川の東には竜門山と会稽山がそびえ、海に向かって広がる寧波の南には四明山と天台山が広がっている。これらの山々は昔、春秋の時代に越の国がその基盤を置いた地域で、越の山々とまとめて呼ぶことが許されよう。

植物にとっての温度と降水量からみると、越の山々の生態学的な条件としては日本の徳島と等しい。つまり、原生林を人間が伐採したあと再生する二次林は、常緑広葉樹を主とするような地域だ。常緑広葉樹は春になると紅葉することなく青黒くなった葉を落とし、みずみずしい若葉を吹き出す。その様が「山が大きくなる」という印象を、杭州に魅せられた知人に与えたのだろう。

これらの山地には、現在ほとんど原生林はない。後漢時代から現在まで千数百年間、越の山々の森は開発され、現在ではごくわずかな山地や人跡の及ばないところで自然の植生が残っている以外、丘陵地帯ではほとんど破壊し尽くされてしまった。

原生林の伐採のあと、森林の遷移の過程は次のようなものだ。原生の常緑広葉樹林が伐採されたのちに、主に萌芽更新とわずかな自然の実生とによって、次第に樹林が回復してくる。その回復の途中で、陽樹(太陽光線が直接当たるところを好む樹木)である松などの針葉樹が侵入し、針葉樹・常緑広葉樹

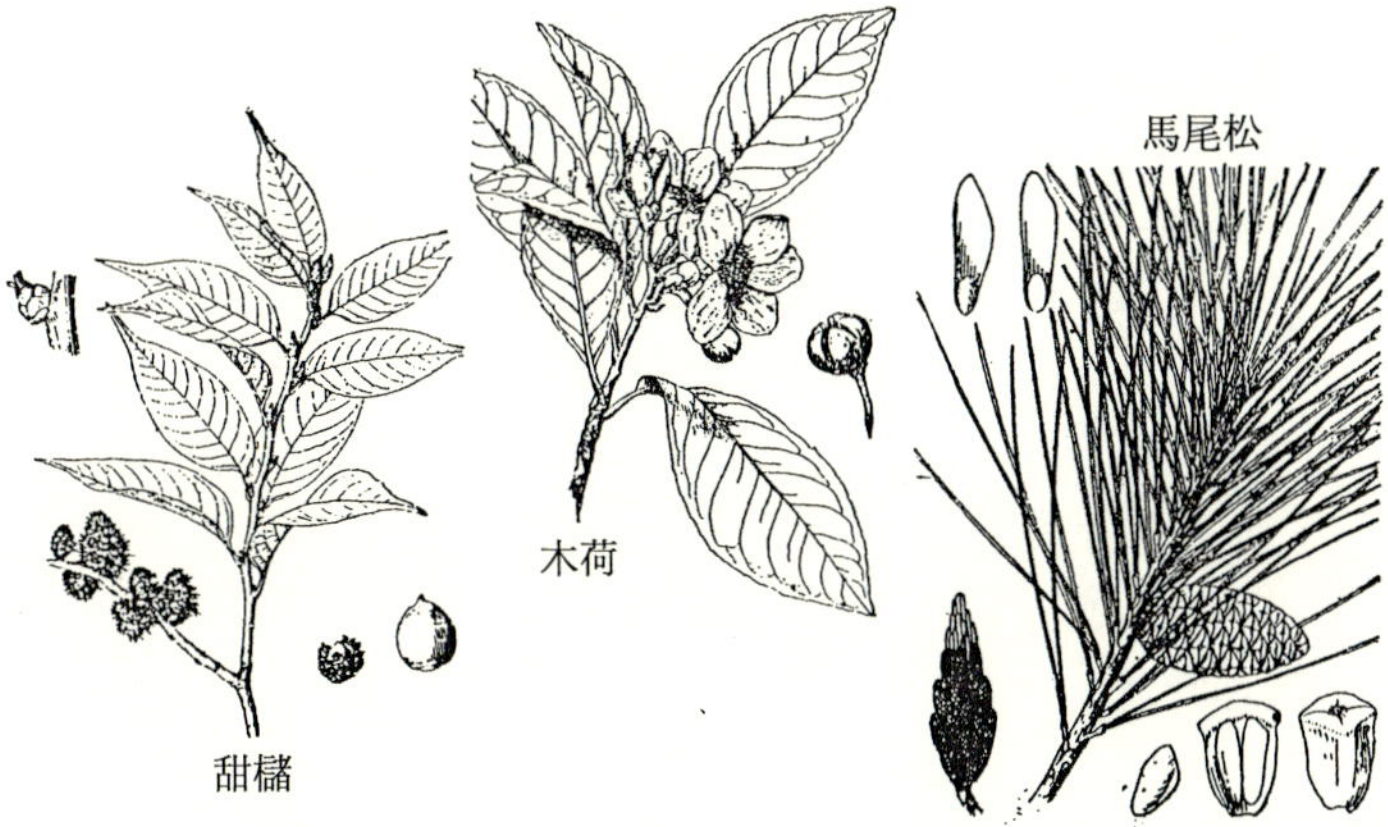

越の二次林を構成する主要樹木．(『浙江植物志』浙江科学技術出版社，1993 年より)

混交林が形成される。また、竹が密生する場合もある(『浙江森林』中国林業出版社、一九九三年)。

これらの地域に一般的に見られる二次林は以下のようなものである。

馬尾松(Pinus massoniana)・木荷(Schima superba)林

馬尾松・甜櫧(Castanopsis eyrei)林

毛竹・常緑広葉樹混交林

馬尾松は中国特有の松であり、まさに馬の尾のように長い針葉を束としている。木荷はイジュ属の樹木で、日本には同種のものは自生していない。沖縄に同属のイジュがあり、高さ二〇メートルの常緑の高木となる。沖縄では大切にされている樹木だという。南方での家屋の大敵であるシロアリに強いので、建築材料として重用され、例えば穀物を保存しておく高倉の柱などには、必ずといっていいほどこのイジュが用いられた。また樹皮はサポニンを含み、漁師はイジュの皮を剝いでしごき、魚を捕るために用いた。樹形は清々しく、「イジュのようだ」とたとえれば、それはかわいらしいといった意味を持つ。中国の木荷も、やはり材質が硬くきめが細かい、さらに乾燥させてもひび割れたりせず、ゆがみも少ないので、家具や機織りの素材として活用された。また馬尾松と木荷の混交林は、土壌を改良する効果があるという。

甜櫧も日本には自生していないようだ。クリカシ属でシイの仲間。材質が硬いので釘を打つとちょっとやそっとでは抜けないし、削ると光沢が出る。建築資材として珍重される木材だそうだ。ドングリは澱粉を含み、炒ればそのまま食することができるという。甜櫧とならんで越の山に多い常緑広葉樹に、苦櫧(Castanopsis sclerophylla)というやはりシイの仲間の樹木が生えているが、そのドングリはあくが強いので水でさらさなければならない。一方は炒るだけでおいしく食べられ、後味も甘いので甜櫧と呼ばれ、他方はそのまま口に入れると苦いので苦櫧と呼ばれる。日本のスダジイとマテバシイの関係と同じ。

毛竹は、日本では孟宗竹と呼ばれている。春になると出回るタケノコを産する竹で、日本古来のものだと思っていたが、今回調べてみたら、孟宗竹が日本に入ったのは江戸時代中期、元文元年(一七三六年)のことだという。中国の越の山々から琉球を経て、薩摩藩にもたらされたのが、その年。孟宗という名は、三国時代の呉の親孝行で知られた人物の名で、冬に母がタケノコが食べたいとわがままを言ったので竹林に入ったものの、季節外れで生えているはずもない、嘆き悲しんでいるとタケノコが出てきたという故事を持つ。この故事にちなんで、日本で毛竹を孟宗竹と呼ぶようになった。中国伝来の竹、そのタケノコに舌つづみを打ちながら、まだ見ぬ中国に思いを馳せる日本人の姿を見る思いがして、なんとも微笑ましい呼称である。

〈楓〉はカエデにあらず

東南山地に人の手があまり入っていなかった時代、盆地の底部には〈楓〉を中心とする樹林が見られたという。それでは〈楓〉とは何か。日本人はなまじ漢字を使っているので、中国の植物を誤解しがちだ。

月落烏啼霜満天　　月落ち烏啼き霜天に満つ
江楓漁火対愁眠　　江楓漁火愁眠に対す
姑蘇城外寒山寺　　姑蘇城外寒山寺
夜半鐘声到客船　　夜半鐘の声客船に到る

この有名な詩で、江楓とはどんな木と訊ねると、大半の日本人はカエデだと答えるだろう。落ち着いて思い起こしてみよう。カエデはどんなところに生えているだろうか。山のなかだ。庭木として池の端に植えられることもあるが、その場合でも築山の上ではないだろうか。カエデは平地の川辺などには生えないものだ。ところが唐詩にしばしば登場する〈楓〉は、いずれも水の近くにあるものとして描かれている。

実はこの〈楓〉はカエデとはまったく異なるフウという樹木なのだ。カエデの葉は対生、フウは互生、種子の形もまるで違う。フウは中国南方の平野部に自生する。ただ葉の形が掌のようなので、日本人が勝手に取り違えたものと思われる。フウはもともと日本にはなかったから、無理はないのかも知れない。近年はアメリカ系のフウが街路樹として植えられている。私が通う池袋西口にも、秋になるとイガグリ状の実をつけたフウの木を見かける。唐詩の解説書でも、〈楓〉を間違ってカエデとしているものが多い。カエデは中国では〈槭〉と表記される。

かように中国の植物名を正確に捉えることは難しい。木ヘンの漢字のなかで、日本と異なるものを列挙しておこう。

〈杉〉。日本のスギは日本の固有種。中国にも導入され〈柳杉〉と呼ばれている。中国で〈杉〉と書いたら、コウヨウザン(広葉杉)のこと。いずれもスギ科だが、属のレベルで異なる。「杉」という漢字のツクリ「彡」は、細長いものが整然と並んでいる様子を示す。日本のスギの葉は棘のようだが、コウヨウザンの葉は二センチメートルぐらいの針葉がきれいに並ぶ。なるほど「杉」という字形はコウヨウザンから来ているのだなと、葉を見ると納得させられる。

〈柏〉。中国ではコノテガシワというヒノキに近い針葉樹。マツとともに尊重され、「松柏」と併記されることが多い。カシワは中国では〈槲〉と表記される。

〈桜〉。中国ではユスラウメ。

〈椋〉。中国ではチシャノキ。

〈椿〉。中国ではチャンチンという落葉樹。ツバキは中国では〈山茶〉。

〈楠〉。中国ではタブノキのことと思われる。クスノキは〈樟〉と表記される。

〈榎〉。中国ではキササゲ。

〈樗〉。中国ではニガキ科の落葉高木のこと。日本ではオウチを指す。

〈榁〉。中国ではジンコウ。熱帯に産するジンチョウゲ科の常緑高木で香木だ。日本ではシキミ。おそらく双方とも香りを放ち、仏教の儀式と結びついているので、日本人が混同したのか借用したのか。

〈檜〉。中国ではイブキ、日本ではヒノキ。これはいずれもヒノキ科の常緑高木だから、大差ないといえば弁解できるかもの知れない。

〈橿〉。中国ではモチノキ。

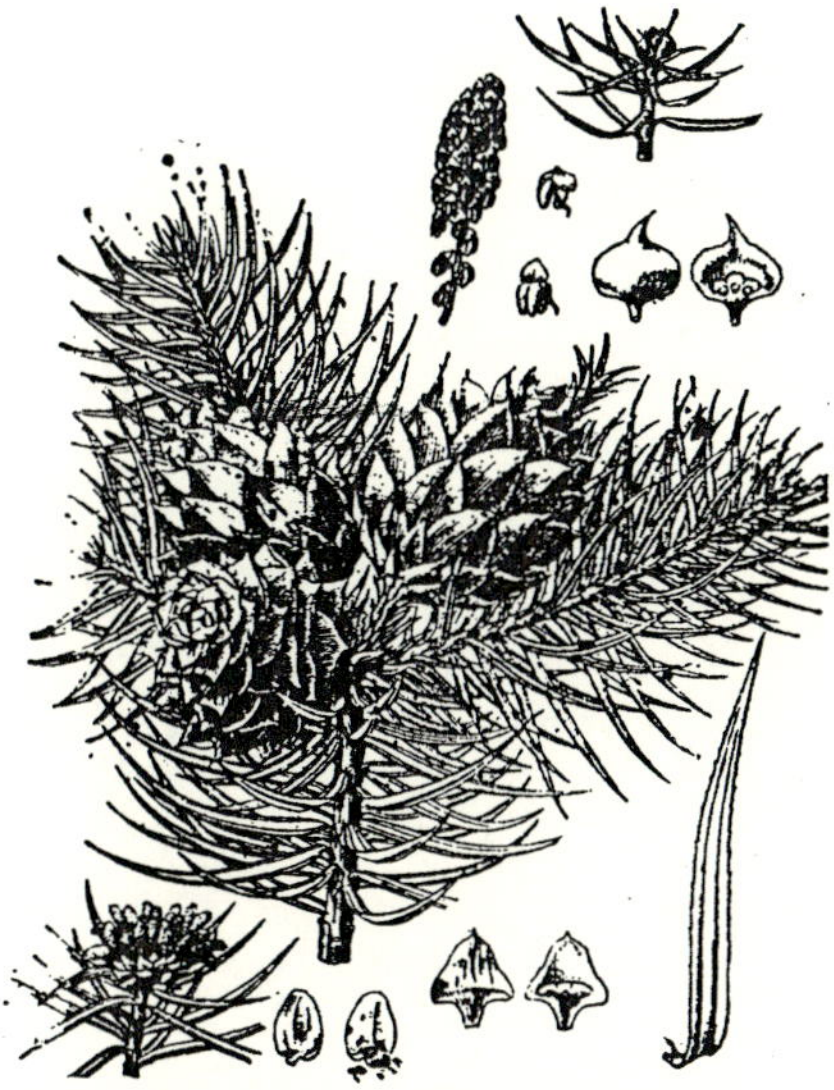
コウヨウザン(Cunninghamia lanceolata).(『浙江植物志』浙江科学技術出版社，1993年より)

馴染みのある漢字が、案外くせ者だ。
森林の歴史を調べていて難しいことは、植物名を比定する作業だ。古い史料ともなると、現在の中国語とも異なり、古人が記した注に頼ることになる。ところが、この注が難物で「甲は乙なり」といった具合で、乙とは何か判らない。言葉の連鎖をたぐっているうちに、もとの甲という文字に戻ってしまうことも少なくない。結局は注に基づいて文字のネットワークを明らかにするとともに、植生との関連などの状況証拠を積み重ねていく他はないのだ。

嶺里人と嶺外人

越の森には、山地に居住し山間の動植物に関する知識を持つ人々が住んでいたのだろうか。中国の公式の史料は、その点についてはほとんどなにも伝えてくれない。ただ民間で語られる故事のなかに、いくつか手がかりを与えてくれるものがある。

紹興の南には竜門山地がある。その嶺の一つに白門山があり、そこでは次のような故事が伝えられている(『白門故事巻』一九九〇年)。この故事では、山中の民を〈嶺里人〉、山の外に住む平地の民を〈嶺外人〉という言葉を用いている。嶺里人の〈里〉は内側という意味であり、山の嶺々のなかで生活している人々を言うのだろう。ここでは山の内と外という領域の相違が、明確に意識されている。

この辺りでは娘が嫁いでから一年後に、父母が手みやげを持ってその嫁ぎ先に挨拶をかねて様子を見に行く〈籃頭〉と現地の言葉で呼ばれる習慣がある。山々が新緑に覆われる春の清明のころ(新暦の四月五日または六日)、山麓の人が山中に嫁いだ娘を訪ねて山道を急いでいた。突然、みやげ物を入れた籠が壊れ難儀をしていると、山の奥から竹籠、笊や箒を背負った山中の民が下りてきた。

故事は、日本の昔話「藁しべ長者」と似た展開をする。嶺里人は壊れた籠を慣れた手つきで修繕すると、助けられた里の人はお礼にと〈麻糍〉(麻の実をまぶした餅菓子)を差し出す。菓子を懐にして嶺里人が山道をさらに下ると、今度は腹を空かした蚕紙売りの行商人に出会う。嶺里人は麻の実の菓子をこの行商人に与え、お礼にと蚕紙をもらう。その年、平地では蚕が病害でやられ、ただ山のなかで養蚕を試みた嶺里人だけが生糸を産出し、大儲けする。

故事のなかで興味深いことは、嶺里人の籠を直す手つきの鮮やかさに感心している平地に住む嶺外人に対して、「わしらの所では毛竹が多い。編んだり直したりはなんでもこなさなならん。古い言葉で言うならば、山に頼り、山を食べる(靠山喫山)というわけだ」と答えている点だ。嶺里人が平地の住民とは異なる生態環境のなかで、毛竹を原料とする手工芸品生産に従事していたことが分かる。

この故事は、当地の尾根に建てられている亭の由来を説明するもの。故事によると養蚕で財産を作った嶺里人は、嶺外人の壊れた籠を直した所に記念するために亭を建てたという。いつのころからかこの亭は「麻糍亭」と呼ばれるようになったと伝えられるのだが、うがった見方をするならば、山と里、山地と平地との境界を表す建物であり、さらに想像をたくましくするならば、山の幸と里の幸とを交換する空間を示す表象であるともいえるだろう。

森の知識

海瑞《かいずい》というと、明代きっての清廉な官僚、皇帝に対してもわが身を省みず諫言した高潔な人物として知られる。海瑞を主人公とした戯曲が、毛沢東を非難するものだとして攻撃され、文化大革命勃発の引き金を引いたということでも知られているが、正史の記載とは関わりなく、民間では彼に仮託した故事が数多く語り継がれている。海瑞は天目山に織り込まれた盆地の一つに所在する淳安県で地方長官をしていたことがあり、淳安盆地で採録された故事にも登場する。その一つは、概略次のような話だ。

海瑞が淳安県に赴任した翌年、冬にほとんど一滴の雨も降らず、麦と菜種は壊滅してしまい、極度の飢饉に襲われた。海瑞は救済方法を考えあぐねていると、執事が天目山に属する竜山中の山村に住む故老を訪ねて相談することを勧める。海瑞が老人の家にたどり着くと、老人は真っ黒なあつものを入れた椀を手にしている。老人は海瑞を迎え入れ「わしは、烏金湯を味わっておるところでなぁ」と言い、家の奥から別の椀を取り寄せ、その烏金湯をよそい海瑞に差し出した。口に含むと不味くはない。なにが材料なのかと尋ねると、老人は「ワラビの粉と野の草を煮たものだ」と答えた。海瑞はワラビの根が食べられることを初めて知った。

ワラビの他に山中で食することができるものが何か、老人から細かく聞き取ると、海瑞は礼を述べて役所に戻り、次のような告示を県内各所に貼り出した。

蕨根(ワラビの根)は洗ってから砕き、水で練れば食することができる。
葛根(クズの根)は、砕いて水にさらして粉を取り、それを食する。
野苧麻根(カラムシの根)は、皮を剝ぎ臼でついて粉にし、餅のようにして食べる。

松花（コノテガシワの実）は、熱湯で煮立てるか、粥にする。
橡子（クヌギの実）は、殻を取り去りひき臼で粉にして豆腐を作る。
苦櫧（カシの実）は、炒めたり豆腐を作ったりする。
この告示のおかげで、人々は飢えをしのぎ、飢饉を乗り越えることができたという。

この故事は、「海瑞、泥倉を開ける」と呼ばれている（董校昌ほか編『杭州市故事巻』上巻、中国民間文芸出版社、一九八九年）。山の野草は飢饉の際の拠り所であり、山は飢饉を乗り切る食物の宝庫であることを、山地の住民が明確に意識していたことが窺われる。また、このような故事を語り継ぐことによって、いざというときの知識を子孫に伝達していたのだ。

海瑞が老人から学んだ食べられる植物は、山のさまざまな生態的環境のなかで、ひっそりとあるいは旺盛に生えているもの。

例えばワラビ。ワラビの根から取った澱粉と聞くと、関西の友人の好物であったワラビ餅を連想する。いまでは本当のワラビの澱粉を用いたワラビ餅などは、手に入れようと思ってもできるものではないであろうが、本来はワラビの根を砕いて水にさらして取るものであったはず。関西の夏の味覚としてワラビ餅が定着しているのは、関西の丘陵の二次林のなかで日光が差し込む所にワラビが生えているからだろう。ワラビはアベマキやカネマキ（クヌギ）などを主要な樹種とするマキの林に多い植物だ。天目山で標高が高いところでは落葉広葉樹の二次林が主となり、ワラビが採取できる。山の民はその根を掘り出し、水でさらして澱粉だけを取り出すことはせず、洗っただけで煮たものと考えられる。老人の手にしていた烏金湯が黒かったのは、おそらくそのためだろう。

原生林の伐採後に形成されるカシの林では、ワラビは珍しい。その代わりクズをよく見かけるようになる。林を切り開いた道の傍らに、クズが繁茂していることが多い。クズは太陽の光を好むから、森のなかではなく森林と外界との境に生えるのである。ワラビとクズとは、いずれも同じように根から澱粉を取る植物であるが、生育する環境は正反対。ワラビは比較的寒冷な山奥の樹木のあいだに、クズは山が浅い標高の低いところに多い。山の民はどこに何の植物が生えているのか、正確に認識していたに違いない。山に対する知識を持つものだけが、「泥の倉」を開けることができるのだ。

薬草

こんな故事が天目山中に伝わる。中国で医薬の仙人として知られた呂純陽が、柴刈りの少年にバカにされる話。

呂純陽が薬物をつめた瓢箪を肩に遊山をしていたおり、清冽な泉にであう。その水を飲もうと伸ばした手が水に触れようとしたとき、水に毒気があることを感じとる。見ると泉が湧き出る岩の上に毒蛇がおり、口から毒汁を垂らしているではないか。呂純陽は害をなす蛇を始末しようとしたとき、柴刈りの少年が山奥から下りてきて、泉の縁に腰を下ろし水を飲もうとする。呂純陽はあわてて押し止めようとするが、少年は意に介さず水を飲む。呂「お若い方、その泉には蛇の毒が混じっておる。毒にあたれば、五歩と歩かぬ内に死ぬ。そこに跪いてわしに乞うならば、解毒の薬を与えよう」と肩の瓢箪から解毒薬を出すも、少年は見向きもせず、懐から野草の根を取り出し一かじり。飲み下すと薪を手にして蛇を叩き殺し、平然と立ち去ろうとする。

あきれる呂純陽に少年は「おいらのところでは、この草の根は百病に効き、呂純陽も形無しだといわれているんだ」と言う。語るものは無心といえど、聞くものは内心穏やかではない。少年もまた懇願しなければ薬をやらないという仙人の態度に腹を立て、「この草の効き目も知らない偽道士、薬の瓢箪を背負った偽道士」と言い放つと、山道を下り去っていった。呂純陽は少年の言葉に頭に血は上るは、自分の無知に腹は立つはで、怒りにまかせ瓢箪を投げ捨てた。辺りに瓢箪からこぼれた丸薬が飛び散った。その後、その山では多くの薬草が生えるようになり、いつとはなしに「百薬山」と呼ばれるようになった。

また別の故事。天目山中淳安盆地の七十八歳になる農夫が語ったもの。

ある日、山麓に住む農家の娘が麻を紡いでいると、傷つき血を流した兎が逃げ込んできた。娘はその兎は猟師に追われているものと察し、麻のなかに隠す。そこへ猟師が山を下り来て兎の行方を尋ねるが、娘は隠し通す。猟師が立ち去ると、娘は兎の傷口に〈水蠟燭〉(傷を癒す水草)を貼り、山へと帰した。

五年が過ぎた。娘は嫁ぎ妊娠し臨月を迎える。陣痛で一昼夜苦しむが、子は生まれでてこない。精魂が尽き何度も気を失うが、手の施しようがない。そこへ兎が飛び込んでくる。口には一株の野草をくわえ、しきりに目で土瓶を指し示す。傷の跡からその兎は以前助けたあの兎であると分かり、土瓶でその野草を煎じるように言いたいのだと悟った。痛みの波がひととき去ったとき、兎から野草を受け取り土瓶に入れ、汲み置いていた水を入れ、煮出す。その煮汁を飲むと、痛みが止まり、一瞬間をおいて赤子が生まれ落ちたのである。気づくと兎の姿は見えなくなっていたが、門の前には一摑みの野草が置かれていた。

山に登るとその野草はそれほど珍しい草ではない。その地方の村の農婦は、出産がまじかになるとその野草を摘み集めておく。少なからざる妊婦がその野草に救われた。今ではこの草を〈益母草〉と呼ぶ。

さらに別の故事。やはり淳安盆地の五十二歳になる農夫が語る。

むかし何《か》という名の作男がいた。主人はその作男が年老いたのを見ると立ち去らせた。それからというもの、何老人は深い山のなかに入り、クズの根を掘り粉に砕いて煮立て、飢えを忍ぶ生活を送るようになった。ある日、何老人がツタの下を掘り起こすと、それは大きな根塊が出た。切るとその内は白く、口に入れると味は甘い。何老人は掘り出して小屋に持ち帰ると、しばらく毎日のように食べることにした。不思議なことに、この根塊を食するようになってから、皮膚に艶がもどり、髪が黒くなり、足腰にも力がこもるようになった。その植物は、その老人の名にちなんで、〈何首烏〉と呼ぶようになった。その意味は、何老人の頭を、烏の羽の色のように黒くしたということである。

山麓の村、山間の村には、不思議な力を持つ草木にまつわる故事が多く語られている。ここで紹介した故事は、いずれも『杭州市故事巻』上巻に掲載されているものだ。このなかで登場する〈益母草〉

は和名をメハジキといい、初夏にあわい紫色をした唇形の花をつける草で、山林の日当たりのよいところに生える。〈何首烏〉はツルドクダミのことで、山野の岩陰に生えている。

植生調査

一九九六年、私は植物社会学の調査団に加えてもらい、浙江省の天目山の山林のなかに入る機会を得た。

天目山の中腹、標高一〇〇〇メートルあまりのところにある開山老殿を目指す。メンバーは国際生態学研究センターの村上さん、ドイツで植物生態学を修めた中村さん、宮崎の照葉樹林の森を子どものころから駆け回ってきた河野さん、近江の造園家の跡取り息子の西村さん、それに私。日中の登山では全身汗にまみれるが、さすがに下界の蒸し暑さはなく、しばらく立ち止まれば汗が体温を奪い、冷たさを感じる。朝、早めの食事を摂り、山頂の仙人頂(一五〇六メートル)を目指して登り始めた。

「一〇〇〇メートルを超えて、ようやく照葉樹林の中核に入った」と河野さんが、独り言のように言葉を発した。サカキなど日本でも見かけるような低木もある。林床には光が射し込まないためか下草が少なく、調査のために足を踏み入れることも容易だ。一つの尾根すじが群落としてまとまっていると目星をつけると、中村さんと河野さんが樹林のなかに入り、歩き回って高木から低木、さらにはわずかな光を奪い合うように生えている草や、地面にしがみつくように伏せっている草の名を挙げていく。中村さんはラテン語の学名で、日本の植生に詳しい河野さんは和名で、次から次へと植物の名を挙げる。村上さんは和名を学名に移して調査票に記録を残し、西村さんは植生の概要を図に描く。作業の手際の良さに、私は見入るだけだった。

天目山における植生調査．植物社会学に基づく調査では，植生の全体的な状況を把握して範囲を定め，高木から地表の微細な植物まで，すべての種の完全なリストを作成し，それぞれの種がどれくらいの面積をおおっているかを測定する．(撮影：筆者，1996年)

標高一二〇〇メートルを超えるあたりで、照葉樹林の限界を越え、クリやコナラなどが茂る落葉樹林に入った。村上さんの説明では、このように目立つ樹木の植生が変わると、林床の小さな草たちも入れ代わるのだそうだ。植物は光や水の条件に応じて独りで生えるのではなく、数多くの植物との関係のなかで生きている、いわば草や木は社会を成している、そんな植物群落の見方を教わった。

森に人間の手が加わって変化すると、植物の社会も変化する。変化したあとの植物たちの構成を調べれば、その組み合わせからどのような道筋をたどって、いま目の前にある植物の社会が形づくられたのかを推定することもできる。原生林などまったく見られないところでも、こうした植物の組み合わせを詳細に調べることで、人間の手が入る前の森で生きていた木々や草花の構成を推定することもできるのだという。植生の綿密な調査に基づいて想定された植生を、潜在植生と呼ぶとも教えられた。

潜在植生は、人が森に干渉し始める以前の過去の原生林の姿を示してくれるとともに、人が手を加えなくなったらいずれ現れる未来の極相林の姿でもある。潜在植生を構成する多種多様な草木を、あらかじめ計画的に組み合わせて植林するという手法がある。植えられている植物たちはまだ若い苗木なのだが、小さいなりに相互に関係を持ちながら全体として育ち、人の手を加えずとも極相林となって行くのだという。

それまで森を見るといったら、たとえばブナにクヌギ、あるいはスダジイやアラカシなど、森を特徴づける目立つ木々しか私は見ていなかった。目立たない低木や下草と関係を持たなければ、大木も茂ることはできないのだと知って、植物と接するときには分け隔てをしてはいけないのだと悟るものがあった。人里の畑のあぜに健気に生きる草も、原生林で千年あまりの年月を耐えた木も、それぞれ生きている関係性のなかでそこに根付いているという点では平等なのだ。ひとつひとつの草や木の名を知るところから始めなければ、森を語る資格はないのかも知れない。

植生調査を終えて中村さんらも岩峰にあがってきた。調査票のチェックをしていると、主峰の岩蔭に土地の若者が二人、のぞいたかと思ったら一気に尾根を駆け下り、木々のあいだに姿を消した。背には薬草を入れているのだろう、袋を背負っている。稜線の樹林を目指して下っていった。

五歩蛇

天目山の登山口に自然博物館がある。私たちが訪れたときには、ちょうど展示の入れ替え中で一般には開いていなかったのだが、自然保護区管理局スタッフの計らいで、暗い館内を参観することができた。天目山の動植物や鉱物の多くの標本のなかで、ゾクッときたのが五歩蛇のホルマリン標本。大きくエラの張り出た三角形の頭部は、このヘビが猛毒であることを示している。ウロコは黒っぽく、林床の暗がりに潜んでいたならば、気づかずに足を踏み入れてしまうかも知れない。

台湾山中に生息する百歩蛇の名は、かつて日本の植民地下にあったためか耳にすることもあった。咬まれたら、百歩で死んでしまう猛毒のヘビとして。ところが、これは五歩蛇だ。咬まれたら五歩目で絶命か、と人気のない標本室で目が釘付けになってしまった。あとで調べたところによれば、百歩蛇と五歩蛇は同種で学名はAgkistrodon acutus、マムシと同属のクサリヘビ科のヘビだとあった。

その日は山麓の植生を調査するために、村道を歩き回ることになっていた。マツの林を登りつめ峠に出たところ、山の斜面を下ってきた青年がいた。河野さんが、あれは前日、山で会った若者だ、と気づく。青年の方も私たちが判ったらしく、声を掛けてくれた。家はすぐ近くだから、お茶でも飲んでいけと勧められ、勧められるままに村に向かった。村のはずれに白壁のどっしりとした農家、それがその青年、程暁林の家であった。

通されたのは暁林君の兄夫婦の部屋。ちょうど昼食の用意の最中で、これは悪いタイミングだと思ったが、ここまで来ては後に引き返すわけには行かない。寝台の上に足に副木をした少年が寝ていたが、ドヤドヤと入ってきた私たち一行に驚いて、寝台から降りて様子を窺っている。

五歩蛇（Agkistrodon acutus）．全長は 80〜120 cm．鼻先が尖っている．胴体は灰白色の地に暗褐色の大きな三角斑が体側に並ぶ．水辺に多い．（千石正一監修『爬虫類・両生類 800 種図鑑』ピーシーズ，1996 年より）

八仙卓（八人掛けの正方形のテーブル）のまわりに腰を下ろし、程さん一家から山との関わりについて話を伺う。山では焼き畑を行って、コーリャンとトウモロコシを植えているという。三年から四年を経て、畑をもとの森林に返す。収穫したコーリャンなどを用いて〈白酒《パイチュ》〉を造るのだと話したところで、隣の部屋に案内してくれた。酒壺が十あまり、薄暗く密閉された部屋に並んでいる。暁林君のお兄さんが一つの壺のふたを開け、瓶に注ぎ私たちに振る舞ってくれた。少し白濁してはいるが、香り高く、うまい。アルコール度数は五十度を超える。河野さんが気に入ってしまったようで、さっそく二杯目に。この白酒は一斤八元で買い取られ、杭州や上海で売られるときは、二倍の価格になるという。醸造には一ヶ月ほどを要し、発酵が進んだら庭先のコンクリートのたたきの上で、蒸留して壺に詰める。そのときに香り付けにと、山から採ってきたタデの葉を用いるという。

そうこうしているうちに、正午に近くなり、昼食の火が入る。プロパンガスを用いていた。尋ねてみると、それは三年前から。以前は村に割り当てられた山林から、細い枝を落とし柴として煮炊きに使っていた。村のまわりの林では、大きな木を伐採することはない。木は風を防いでくれる。もし伐ったら夏の台風で家屋がなぎ倒されてしまう。いま山を歩くとけっこう木々に覆われているが、五〇年ほどまえには禿げ山ばかりであったという。

昼食ができあがり、やはり食べて行けということとなった。腹を空かしている子どもたちには、なんとも恨めしい突然の客人であったことだろう。しかし、こうなるといとまを告げるのは難しい。料理を前にして、まず尋ねたことは、山菜を用いるかということ。今、私たちの目の前の八仙卓には、醬油で殻ごと煮染めたタニシ、ジャガイモの炒め物、サツマイモの茎の油炒めなどが並んでいる。肉はなく、蛋白質といえばタニシだけではあるが、けっこうバラエティーに富んでいる(タニシには戸惑った。暁林君がこうするのだと、殻の中の実をせせる。舌先と実のあいだを真空にするのがコツらしく、暁林君がせせると二回ほどで必ず実が頰のなかに吸い出されている。それでも出ないときには、箸の先で実のふたをなかに少し押し込む)。突然の来客で、一皿ぐらい多かったかも知れないが、これが日常の食卓とみてよいだろう。皿をのぞいてみて気づくことは、いわゆる山菜がないということだ。

　程さんの家の庭先には、小さな赤シソの畑がある。赤シソは魚やタニシの臭みを消すために料理に用いると説明してくれたが、峠の道で採取した野生の青シソを見せて、これは食べるかと尋ねると、食べないという。山の野草で食べるものはあるかと尋ねても、ないとの回答。質問の方向を変えて、利用する植物はあるかと問うと、薬草はいっぱいあるという。もっとも高い値がつくのが竹三七（おそらく竹節人参のこと）で、山の北斜面に自生するが、滅多にお目にかかれるものではないという。山麓の村人であれば誰でも知っている薬草もあれば、特定の人しか知らない薬草もある。何が薬草になるかは、山歩きの先輩から教え伝えられるものだとのことだ。

　この村の住民は、古くから天目山のふもとに住んでいたわけではない。程さんの一家も、暁林君の祖父の代に、安徽省の安慶という長江流域の平野部から移ってきた。祖父は軍隊に徴用されて天目山に駐屯し、戦争が終わってここに住み着いてしまったらしい。他の家も、遠くは四川や江蘇省北部から移り住んだ。なるほど、だから暁林君の話しぶりには浙江なまりがなく聞き取りが楽なのかと、合点が行った。はじめのうちは森を開墾して荒らした移民たちも、三代目ともなると山林の植物に対する知識を身につけ、山を走り回る暁林君のような若者が育つのだ。はじめは警戒して寄りつかなかった副木を付けた少年も、八仙卓での話の盛り上がりに惹きつけられ、私たちの近くに来て、耳をそばだてている。この少年は山を走り回っているときに穴に落ち、骨を折ってしまったのだという。しかし、骨を折ったぐらいで山遊びをやめるような柔な面構えではない。

白酒がまわり舌も軽くなると、話題はやはりヘビのことになる。河野さんがヘビはどの辺にいるのか尋ねる。暁林君の話では、五歩蛇は山の凹地にいる。数は多くはないが、大きい。なかにはこんなに太いものもあるといって、両手で輪を作った。直径は一五センチメートルはあろうか、信じられない太さだが、少なくとも山で五歩蛇に出くわしたら、主観的にはそのくらいの太さに感じるのかも知れない。昼には滅多に出てこない、などと説明してからニコリと笑い、山で育ったものには子どものころからなれているので、ヘビは玩具のようなものだよ、という。

なぜ五歩蛇というのかと私が重ねて尋ねると、「咬まれて五歩も歩けたら、大丈夫だというヘビなのさ」と教えてくれた。そうか咬まれても助かることもあるのかと一瞬は思ったが、考えを巡らせて見れば、何のことはない、咬まれてもし毒が体内に注がれていたら、五歩も歩けないということ。五歩目で絶命する毒なのか、四歩目以内に命を落とす毒なのか、たった一歩の差ではあるが、この一歩が生死を分ける。しばらく私の頭のなかは白くなった。

有用植物

天目山での最後の夜、昼間に採取した標本の同定作業に参加した。現場でビニール袋に入れた標本を取り出し、河野さんが新聞紙に挟んで中村さんに渡し、中村さんは赤いマジックインキで属名を新聞紙に記す。それを、中国側スタッフの蔡さんと王さんとが、毛の有無、葉の切れ込み、葉柄の有無などを手がかりに『浙江植物志』などをひっくり返しては種名を調べ、中村さんに戻し、そこで属と種とが確定される。確定された標本は、調査票のリストに書き入れるために村上さんに渡されて通し番号を付され、西川さんの手によって野冊に重ねていく。蒸し暑いホテルの部屋は、植物の青い臭いで充満する。生やさしい作業ではない。

作業が一段落ついたところで、程暁林君の庭先の植物が話題になった。実は、酒盛りが終ったら程君に家の周囲の立木を何に使うのか尋ねておいてくれと、中村さんから頼まれていたのだ。

家の正面の立木は一目でコブシの仲間であることが判った。暁林君は白い産毛で覆われた蕾を採って、これは薬になる、気管の炎症を鎮めるのだという。クワの若木の前に行くと、この葉は採んで切り傷、冬のあかぎれにのせて湿布する。茎の甘皮も薬になる。杜仲の低木も植えられていた。この木の葉は、数年前までは高く売れたのでこの辺りでも多く植えたが、近年は生産量が増えすぎて値が下がり、農家によっては杜仲を伐って竹に植え替えるところもあるとのこと。採むと柑橘系の香りがするレモンエゴマ(シソと同属)が生えているので、食べるのかと尋ねたら、人間は食べないが、ブタの餌にするとの答えが戻ってきた。

中村さんが言うには、日本でも農家に植えられている草木はすべて有用植物だが、中国でもそれは同じようだ、とのこと。私が「日本と異なっているのは、どうも中国では薬草に関する知識はあるが、山菜はないようだ。食べるものは作物として栽培したものに限られているようで、中国人はそこに文明を見いだしているのではないか」と指摘したところから、中国文明論に花が咲いた。「雲南の少数民族は山菜も食べるし、山にも詳しい」とは、何度か雲南を訪ねたことのある河野さん。

中村さん、「以前は日本には植物に詳しい人が大勢いた。その土地の植物に限られてはいるけれど、本当によく知っていたものだ。生活のなかで役に立つ植物がまわりにいっぱいあって、生活のなかで植物と親しんでいた。植物に対する興味も、自然と湧いてくるのだろう。今では、いろいろなものをほとんど店で買うようになり、家のまわりや山の植物を使わなくなった。そうすると、植物とも次第に疎遠になっていく。いま植物社会学をやろうとする若い人が育たないのは、とにかくまず植物を覚えなければ仕事にならないからだ。日頃から植物に親しんでいないので、なかなか植物名を覚えられないのだろう」。

大学院で植物生態学を専攻している知人に、帰国後に植物社会学を知っているかと尋ねたら、時代遅れの方法だと一蹴されてしまった。いま流行の方法は、ポピュレーション調査といって、特定の植物の結実する数、芽生える数、林床の過酷な条件のなかで生き残って成長する個体数、一年間の成長量などのデータを集め、統計的に処理をすることで、森林の更新などの課題に答えようとするものだという。データはコンピューターで解析し、仮説を立ててシミュレーションを構築する。確かに手法は斬新であるし、研究対象となる植物を判別できれば、論文をものにすることができる。それが植物社会学の方法では、高木からシダにいたるまで、調査地点の植物の大半をその場で同定し、学名を挙げられなければ作業にならないのである。若手の研究者があえて困難な道に入るとするならば、その理由は植物が好きだ、ということ以外にはないだろう。

エピローグ

コーヒーの実

結婚祝いにと妻の友人からいただいたコーヒーノキを、夏はベランダ、冬は室内で育てている。温室で大切に育てられていた木が家に届いたときは、赤い実をたわわにつけていたのだけれども、私たちが面倒をみるようになってからは、花は咲いても実は大きくならない。これで毎年、自家製のコーヒー豆を焙煎して楽しめるという思惑は、すっかりあてがはずれてしまった。ところが一九九八年、一つだけなのだが実が赤く熟した。異常なことだ。

私たち動物は、一瞬ごとの寒暖で生きている。暑い日が続いても、蒸しますね、と挨拶するぐらいで終わってしまう。ところが、太陽の光を浴びて光合成を行い自らの身体を造っている植物にとっては、気温が持つ意味はまるで違う。光合成も要は化学反応だから、気温が上がると活発になる。その日その日の光合成の積み重ねで、枝を伸ばし葉を茂らせ、花を咲かせ実を結ぶ。我が家のコーヒーノキにとって、日々の気温の積み重ねで進む光合成量は、一年を通じて合計したときに、花を咲かせるまでで使い切り、実を赤く熟させるまでには足りなかったということになる。ところがその年は、暑い日が多かった。そこで実を結ぶにいたったのだ。

赤い実をみて心のなかでは嬉しかった。しかし、脳裏には「地球温暖化」という言葉がよぎった。この木は異常な気象に戸惑っているのではないだろうか、と心配になってきた。この年の十月も暖かい日が多く、国分寺の家の前に植えられているエゴノキに、白い花が咲いた。自然の変調なのではないかと気がかりだ。

地球温暖化の原因として、近代に成立した産業が化石燃料を大量に燃やした結果、大気中の二酸化炭素などの温室効果ガスが増えたことが挙げられている。地球が暖かくなればよいではないか、と寒がりは思うかも知れないが、事態は予断を許さない。地球の環境は、大気や海水の流れ、降水量や降雪量、陸上の植物や海洋の植物プランクトンの成育状況など、無数の要素が互いに絡み合った巨大なシステムだ。その連鎖の輪のどこかに変調が生まれると、予想もできないところに影響が現れる。温暖化が一方向に進むのではなく、気候が暖かくなった結果とけ出した真水が海に流れ込み、大西洋のメキシコ湾流を停滞させ、ある時点から一気に寒冷化が進むという予測を出す研究者もいる。

要するに温暖化とは穏やかな地球を、一瞬先も予測のできない険しい地球へと変化させる引き金なのだ。もし環境が暴走しはじめたら、ここ数千年のあいだ、文化と文明の発展の前提となっていた穏やかな環境は姿を消すだろう。気温は極端に上下し、極度に乾燥するところ、大量の雨が降るところが現れ、台風や竜巻が巨大化したり、人類が経験もしなかった疫病が蔓延したりするかも知れない。多くの生物が絶滅に追い込まれるに違いない。そのなかに人類が含まれないという保証はない。

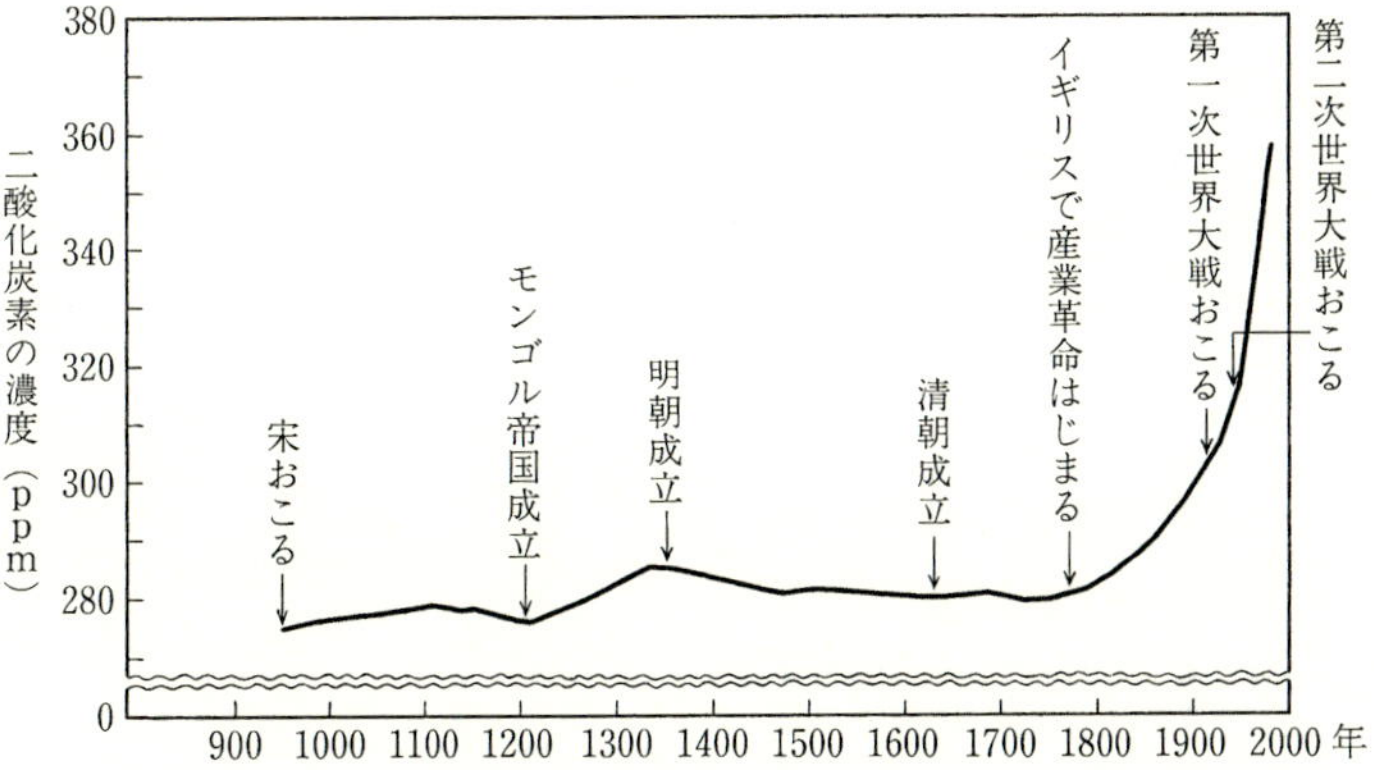

1957年以前は南極の氷床中の気泡の分析に基づく．曲線は100年の移動平均値．（半田暢彦編『大気水圏科学からみた地球温暖化』名古屋大学出版会，1996年）

大気中の二酸化炭素濃度の変遷

たかがコーヒーの実、一つ。杞憂であってほしいものだ。

森林破壊の世紀から緑化の世紀へ

南極の厚い氷のなかに閉じこめられた過去の空気の分析から、大気中に含まれる二酸化炭素の濃度の変化を測ると、十三世紀から低下傾向にあったものが、十八世紀ごろから停滞し、十九世紀には上昇傾向を示すようになり、二十世紀の六〇年代ごろから急上昇することが明らかになった。大気組成が変化する起点は、十八世紀にさかのぼれるのではないか。

十八世紀、中国の秦嶺山脈や東南山地で、棚民が放った火が森を焼き、山中に設けられた巨大な製鉄所で鉄が溶かされていたとき、ユーラシア大陸の反対側ではイギリス産業革命が、始動しはじめていた。産業革命直前のイギリスでは森林がほとんど姿を消し、もともと木の少なかったアイルランドの森林資源にも手を出そうとしていた。大西洋の対岸では、北アメリカ大陸東部の森に、入植者の斧の音が響いていた。

十八世紀前半の地球を見回してみると、北半球中緯度の広葉樹林に人が大挙して押し寄せている。二十世紀が熱帯雨林の受難の世紀だとするならば、十八世紀は広葉樹林の生態系が大きく変容させられた世紀だということができる。この森林破壊が、二酸化炭素の排出量を増やし、吸収量を減らした端緒になったとはいえないだろうか。

交易という視点からこの世紀を位置づけてみると、十六世紀の繁栄、十七世紀の沈滞、そして十八世紀の新たな繁栄の時代ということになる。十六世紀には銀などの貴金属を交易の媒体として、交易が盛んに行われた。ところが十七世紀には、経済規模が貴金属の総量よりも膨れ上がり、交易が維持できなくなった。新たな交易の仕組みを模索していた時代だ。続く十八世紀、その仕組みが生まれる。それは産業化という方法だった。

貴金属を持たなくても必要とする物資を交易で手に入れるためには、どうするか。それには二つの方法がある。一つは、自分のところで生産してしまうこと。銀が枯渇した日本では、この方針が採用された。徳川吉宗の時代、幕藩体制を挙げてそれまで中国から輸入していた物産の国産化が模索される。もともと貴金属の産出地を持たないイギリスも、インド産綿織物キャラコの国産化を図り、その努力が機械制綿織物産業を生み出すことにつながった。第二の方法は、自分のところでできる産業を振興して、その物産と必要な物資とを交換するというものだ。イギリスはこの方法に長けていた。インドでアヘンを生産して中国の茶葉を手に入れた。またマレーシアにゴムノキを中南米から持ち込んで、新たな産品に仕立て上げた。

産業を振興することで、富がもたらされる。交易量には制限がなくなったかのように思われた。十九世紀から二十世紀なかばまで、人々は無限の発展を予想し、人類の問題は分配の不均等に過ぎないのだと思うようになった。ところが、産業化には地球という限界があったことに、ようやく気づくようになった。

いま人類は、二酸化炭素などの温室効果ガスの排出量を制限することで、生き残ろうとしている。国際的な議論を踏まえてまとめられようとしている地球温暖化防止枠組み条約のなかで、森林を二酸化炭素の吸収源と見なそうという案が浮上している。植林をしたらそれが吸収すると見込まれる二酸化炭素の量を、排出量から相殺しようとするというものだ。森林の吸収量の算定方法などが科学的にあいまいで、検証することも困難なために、条約に基づく規制に抜け穴を用意することになる。しかし、国際政治の駆け引きのなかで、こうした考え方が盛り込まれる可能性は否定できない。

そうなると、歴史的に森林破壊をしていた国の方が有利となる。植林可能な広大な土地を保有していることになるのだから。これから来る二十一世紀は、緑化をめぐって国際政治と経済が展開するという意味で、「緑化の世紀」となる可能性がある。その場合、中国は無限の可能性を秘めた国だということで、きわめて有利な立場に置かれることになるだろう。

現代の中国は、国策として緑化を進めてきた。しかし、社会主義的なノルマ制で進めてきた森林保護と緑化には多くの問題点がある。典型的な事例が、黄土高原の小老樹だ。雲南の元謀における緑化事業も、前途多難となることが予想された。社会主義的な手法で、植林し木の伐採を禁止することはできる。ところが木が育ち、林が間伐すべき時期を迎えたとき、問題が顕在化する。一度、林に斧を入れることを認めたら、伐採に歯止めがなくなるのではないか、その不安が緑化担当者を捉らえて放さない。決断を先延ばししているうちに、間伐の時期を逸してしまう。

緑化とは木を植えればいいというものではない。そこに住む人々を巻き込み、またトラなどの野生動物との共存を可能にする森を造らなければならない。その方法とはどんなものなのだろうか。その手がかりを発見したフィリピンのルソン島山岳州での体験を紹介して、本書を締めくくることにしよう。

イゴロットの森

一九九四年八月十三日、私はフィリピンのルソン島中央部にそびえる山岳地帯のなかを歩いていた。標高は二〇〇〇メートルを超える。この地には、イゴロットと呼ばれる人々が住んでいる。一〇〇年くらい前までは文明が及ばず、人々は狩猟採取の生活を営み、首狩りを含む慣習に基づいて社会を維持していた。

村から急な坂道を登りきると視界が突然ひろがり、ゆるやかにうねった大地は一面のキャベツ畑だった。畑から谷をひとつ挟んで、向かいに鬱蒼とした森が、この時期には珍しい青空のもとで、太陽

イゴロットの森.（撮影：筆者，1994年）

の光を反射している。遠くから眺めるだけでも、その森が照葉樹林であることが見て取れる。

森に向かって先を急ぎ、キャベツ畑を突っ切ろうと試みたが、行く手を谷に阻まれた。その畑を小作している農民の手によって鋤返された布団のような土に足をとられ、よろめきながら山道に這いあがる。じっとりと汗をかく。しばらく歩き、森のたもとにたどり着く。間際までキャベツの畑が開かれ、二人の夫婦らしい男女が耕している。その森は、畑に浸食されないようにと有刺鉄線に囲われて、そこにあった。

鉄線のフェンスに沿って歩いていくとフェンスが途切れ、森に入る小道が口を開いていた。フェンスに服を引き裂かれないように注意をしながら暗い森に足を踏み入れた。やはり典型的な照葉樹林。樹木の種類は日本のそれとは異なるものの、カシ、シイのたぐいの高木が樹冠を構成している。汗が退いていく。日本でアオキなどの常緑の灌木が占拠している空間には、私には馴染みのないシダが生い茂っている。森の奥に進むと、川がせせらいでいた。

村の人から伺ったところによると、ほんの二〇年ほど前には、周辺の山々はこのような森に覆われ、シカが飛びはね、そのシカを狙ってイゴロット族の狩人たちが木のあいだにひそんでいたのだという。

森林破壊の歴史

この村の近六〇年の歴史は、森林伐採の歴史だ。村の古くからの住人でサリサリ－ストアー（よろず屋）の経営者に、その歴史を伺った。

第二次世界大戦が始まる以前、アメリカがルソン島北部の山岳地域を開発するためには、道路が必要であった。その道路の建設にあたって、中国人労働者とともに日本から来た出稼ぎ労働者の果たした役割は大きい。道路がバギオまで貫通したのちに、このバギオに住み着いた日本人も少なくなかった。日本人のなかにはバギオを拠点にして山のなかに分け入り、野菜農場を開いて中国人を使って経営するものもいた。大工としても日本人は優秀で、棟梁ヤマシタ、ヨシカワ、オコイといった人の手によって山岳地域の教会の多くが建てられた。森林の伐採も、こうした日本人が始めたものだ。

戦後、日本人は林業から撤退した。それを引き継ぐようにして山岳地域に入ってきたのが、アメリカ資本だ。山岳地域の入口に製材所を開設し、木材を搬出したのである。当初、木材伐採と搬出の拠点であったこの村には、一五〇人ほどの労働者が働いていた。鉱山の支柱として木材は飛ぶように売れ、五〇年代になると発電用ダム建設のために木材需要が増大するにつれ、この地で働く労働者も次第に増加し、三〇〇人ほどになった。労働者はさまざまな地域から集まってきた。山岳州の奥地から来たイゴロット族、低地からはイロカノ族やタガログ族が山に登ってきた。会社は労働者の宿泊用にバンガローを建て、五人から一五人の労働者が共住した。

六〇年代には伐採はかなり進んではいたが、まだ原生林が残っていた。「どんな木が生えていたかって？　そうだね、英語で言えばオークの類だ。イゴロットがパユン、バラユンとかイグム、アナトゥルなどと呼んでいた木だが、学名などは知らんな。山の上には狩場があって、シカが飛び跳ねていた。おれも猟銃を持っていて狩りをしたこともある。イゴロットの猟師もいたし、バギオから来たアメリカ人の猟師も少なくなかったな」。

山のなかにも製材所が設けられ、伐採の速度が増した。谷を越えてロープが渡され、谷を挟んだ向かい側の山からも木材が運ばれて来た。一番盛んだったのは七〇年代だった。労働者とその家族を合わせて、村の人口は一〇〇〇人を超えていただろう。会社が小学校も中学も建てた。そうこうしているうちに、周囲の原生林はほとんど姿を消してしまった。一九八五年に水源を保護するという理由で、フィリピン政府はこの地における森林伐採を停止させた。製材所も閉鎖され、労働者も別の地域へと移っていった。「昔はサリサリ－ストアーの経営も順調だったが、いまでは客が減って店を続けていくのも難しい。幸い息子たちがトラックで運送業をしているから、なんとかやっていけるがね」。

店を出てから、私は聞き取りした内容を確認しながら散策した。尾根の平坦なところに製材所の廃墟がある。数年前に原因不明の火事のために、ほぼ全焼した。敷地のなかには会社から派遣されてきた監視員が寝泊まりしている。不審人物を見つめるような視線を背中に感じながら、私は製材所の赤錆びた鉄骨のあいだを歩いた。

ここからは周囲の山々を一望できる。目を凝らしてみると、森林らしきものは見あたらない。村にわずかに残った住民は、会社の建てたバンガローで生活している。ブタ小屋を建て増ししたり、外装に手を加えたりしているが、入り口の上にははげ落ちたバンガローの通し番号が風雨に耐えて残っている。山を登るといたるところに直径二メートルはある切り株があった。松ヤニがこびりついた株も混じっている。かつてこの周辺も巨木に覆われていたのだ。

マツの苗

村を去る日の早朝、私が宿泊させてもらっていた牧師の家の二階で荷造りをしていると、階段の下から活気のある声が響いてきた。声の主は、六人ばかりの若い一団の男女。私は荷造りを一時中断して、階段を降りた。牧師は若い客人を連れて家を廻って裏庭に行く。そこには黒いビニールのポットから芽吹き、一〇センチほどに育ったマツの苗木が狭い庭いっぱいに並べられている。この苗木を細かく調べながら、しきりにイゴロット語でやりとりしている。私はその会話を聞き取ることはできないが、動作を見たところによると、牧師の苗の発育状態があまりよくないということらしい。牧師は最近いそがしいものだから、などと弁解しているようだ。

議論が一段落したとき、この一団のなかのひとりが私に気づいたらしく、「誰かしら」といった表情を見せた。牧師は、あらためて私を紹介すると、ジャンパーを着込んだ若い女性が一行を代表して「私たちはDENRのメンバーです。村のひとを指導して山に植える苗を栽培してもらっているんです」と名乗った。牧師は頭を掻きながら「いま叱られていたんです。会議になるといろいろ発言するのはいいが、実際の作業もキチンとやってもらわなければ困るって」と先ほどのやりとりの内容を教えてくれた。

「DENRとは環境・天然資源局(Department of Environment and Natural Resources)の略称です。ルソン島山岳地域において村落共同体に基盤をおいて自然環境との均衡を保ちながら、地域住民の生活水準を引き上げることを目的に活動し始めたところです」と牧師が説明した。

このプロジェクトの概要を箇条書きしたものを見せてもらった。

一、森林と生物多様性を、地域住民の理解と協力を得ながら保護ないし向上させていく。原生林の周囲に緩衝地帯を設けるとともに、「社会的な防壁」を造る。

二、山岳地域において永続可能な発展と経済的な安定を実現する。

三、社会的な平等を達成する。山地の貧困層の小作権を強化し、食料を確保する道を開いて生活条件を改善し、政治的な発言力、経済的な活動力を増強する。

四、資源に関わる立案と運営において、地域住民の主体的参加を促す。

五、国家政府の行政的な関与を減らし、村落に基礎をおいた開発に重点を移し、地方政府と村落組織の権限を強める。

私が文面を書き写していると、牧師の奥さんが「マコトは昨日、キャベツ畑の向こうにある森に行ったでしょ。あの森はこのあたりで最後に残された原生林でね、この村の飲み水はあの森から出ているのよ。森が狭くなって森の保水量も減ったけれど、村の人が伐採会社にかけ合って、あの森だけは水源林として手を付けさせなかった。森を伐採すると開墾してキャベツ畑にしてきたので、森の間近まで畑が迫っているけど、これ以上あの森に人の手が加わらないように、DENRの人たちが森をフェンスで囲った。いま若い人が中心になって、村人にマツや果樹の苗木を育ててもらい、それをあの森の周りに植える計画が進んでいるところなの」と説明してくれた。

その日、私は乗合バスに乗って村を発った。製材所の廃墟と小学校の前を通過したとき、前日に足を踏み入れた照葉樹林の先端だけが、ちらりと見えた。原生林は人の手が加わらない森。原生林を取り囲むように、資金と労力を投入して人工林を育て、村の求心力を強化して「社会的防壁」を築くことで、その森は存続する。

手がかり

ルソン島山岳州で足を踏み入れた原生林が、手がかりを与えてくれそうな予感がある。原生林は何も生み出さない森だ。森が生み出す有機物は森の微生物が分解し尽くし、その養分は森の樹木が消費し尽くす。物質的に安定しており、一本の高木が倒れ、太陽光線が地表にとどくようになるまで、幼木は成長することはない。

原生林を囲むように人工の森を造成しようとしている。村の人々は人工林からなにがしかの経済的な利益を得て、木を育てることが役に立つことを知り、木の育て方を学ぶ。人工林の外部には、産業社会の経済に組み込まれたキャベツ畑が広がっている。原生林がキャベツ畑によって浸食されないためには人工の林が必要だ。その林は、照葉樹の森とキャベツ畑の中間に位置する緩衝領域だ。

文化についても、同じようなことが考えられる。イゴロットの人々は、産業社会に呑み込まれ、男はサウジアラビヤ、女は香港に出稼ぎに行く。村の周囲の土地は山の外に住む不在地主が所有しており、村に残った人々は小作農民として換金作物のキャベツを栽培せざるを得ない。モノカルチャーなのでキャベツの価格が下がれば、生活は苦しくなる。

人工的な植林地は、村の経済を多様化してくれる。木材になる木、果物を実らせる木を取り混ぜて栽培すれば、農作物市場の変動から受ける影響を緩和できる。村人が力を合わせて林を造り、守ることで、村のまとまりも生まれてくる。植林に守られた自然の森は、イゴロットの年寄りから若者へ、伝統的な生活の神髄を教える場となるだろう。村の外から押し寄せる文明に倦んだとき、植林地を抜けて照葉樹が造る闇のなかに紛れることもできるだろう。人工的に造られた林は、村の外から押し寄せる文明と、村がもともと持っていた文化とのあいだの遷移領域だ。

さらに発想を広げてみたい。野生動物の立場から考えると、島のように点在した自然の森では不十分だ。孤立した生息域では、遺伝的な多様性を維持できず、ちょっとしたきっかけで絶滅の危機が訪れる。

植林地で囲われた自然の森がいくつか形成されたら、その森を緑の回廊でつなぎ、野生動物が人間に干渉されずに移動できるようにする。緑の回廊を造るためには、それぞれの土地の潜在植生を調べ、極相の森が再生するような樹種を植える。こうして、経済的な効果のある人工の林、野生動物が馴染める人工の森、この二種類の人工林によって守られ結びつけられた自然の森を組み合わせる。人工の林、人工の森、自然の森を適所に配することで、野生動物とヒトとが共存できる仕組みができるのではないか。

中国の場合、大地を走る竜脈を再び評価し、村人には地域の風水を守るために尾根と稜線に人工の森を造るように促す。山麓や尾根からはずれた山腹には、コウヨウザンの林、茶畑、竹林、果樹園などを造り、経済の多様化を図る。経済林は山の上の人工の森、点在する自然の森を包む。峰をむすび、竜脈の上に途切れることなく緑の回廊が延々と張りめぐらされたとき、東南山地に生まれたトラの子が駆け走り、育ちながら太行山脈にたどり着き、そこのトラと恋をする。そんな空想を許す中国の大地が生まれたとき、トラとヒトとのあいだに折り合いがつくはずだ。

文明から文化へと進む方法、すなわち「喬木を下りて幽谷に入る」道とは、こうした緑化によって準備される。

あとがき

この本を書くときに私は何を流しただろうか。人様の研究領域に厚顔無恥に踏み込むときにかいた冷や汗なのではないか。

書き上がった原稿をあらためて読み直してみると、私が高校生だったころに立てた無謀な計画に、とうとう手をつけてしまったのではないかという恐怖を覚える。

あの時代、私の関心は分散していた。中学時代の級友の自殺が契機となって精神分析や心理学関係の入門書を読みあさっていたかと思うと、テレビで観たレオナルド＝ダ＝ヴィンチの生涯を描いたドラマに衝撃を受けて、植物を観察して絵を描く。阿部謹也氏の『ハーメルンの笛吹き男』に感動して社会史の勉強に取りかかったかと思うと、鬱とした思いを晴らすために、日本各地へ一人旅に出かける。

いろいろなものを深めたかったけれど、時間と能力がなく、いらだち、いずれは人間に関わるすべての学問を究めて新しい学の体系を創ってやるなどと、区立図書館の閲覧室で呻いて、学習計画なるものを立てていた。研究とはどんなものか知らなかったから、やってやれないことはないと思っていた。恐いもの知らずほど恐いものはない。

生まれもってずぼらなので生物学を専攻したら実験に使う動物か植物にすまないことになるだろうと気づき、また精神分析の本をポルノ小説の代わりに読んでいたことを自覚し、消去法で歴史を大学で学ぶことになった。漢文の読解力を高めなければいけないのに、やはり高校時代の学習計画の周りをウロウロしていたらしく、気づくと史的システム論なるものを構想し、ついに研究書とはいえず、またエッセーともつかない奇妙な本を書いてしまった。中国史研究者からは、ろくに研究史を踏まえていないと批判を受けるか、無視されることだろう。また、それもよしとしよう。

高校生の若気の至りといった水準を少しでも超えているとしたら、それは中国森林史を学ぶなかで出会った人々のおかげだろう。なかでも環境問題への関心を私に与えてくれた深尾葉子氏、緑化活動の可能性を教えてくれた「緑の地球ネットワーク」の高見邦雄氏、植生調査への同行を認めてくれた国際生態学センターの村上雄秀氏には、記して謝意を示したい。

本書が中国の森林を知る上で多少なりとも役に立つものとなっているならば、それは岩波書店の川上隆志氏のおかげだ。雑誌『へるめす』に森に関する雑文を掲載する機会を与え、また紀行文らしきものをまとめたいと申し出たところ、歴史を軸にした文章にして下さいと執筆方針を定めてくれた。川上氏が支えてくれなければ、本書が世に出ることはなかっただろう。深謝したい。出版に至る実務を担当していただいた吉田浩一氏とは、素直に意見を交わしながら実に楽しく作業を進めることができた。編集部に移ってから、本書が初仕事だとのこと。よいスタートであってほしいと念じたい。

東京育ちの私に、自然とは何かを教えてくれたのは妻、茂田井円だ。その的確なアドバイスがなければ、これほど効率的には執筆の準備はできなかっただろう。さらに原稿を読み意見を出してもらった。本書執筆中に生まれた娘みづかは、どうしてもこの本を仕上げなければならないという動機を与えてくれた。

娘みづかのために、そして彼女がこれから出会うだろう多くの人々のために、穏やかな地球環境が維持されることに本書がわずかでも役に立つことができれば、これほど嬉しいことはない。

二十世紀最後の寅年の十二月、国分寺西恋ヶ窪にて　上田　信

〔追記〕この本を出版することで私が得た収入は三等分し、一部は中国の緑化のために寄付し、もう一部は中国森林史を発展させるのに必要なフィールドワークの資金に充て、残る一部は家族で森と親しむために用いることにしたい。

■岩波オンデマンドブックス■

森と緑の中国史——エコロジカル‐ヒストリーの試み

1999年4月7日 第1刷発行
2001年4月5日 第2刷発行
2014年8月8日 オンデマンド版発行

著 者 上《うえ》田《だ》 信《まこと》

発行者 岡本 厚

発行所 株式会社 岩波書店
〒101-8002 東京都千代田区一ツ橋2-5-5
電話案内 03-5210-4000
http://www.iwanami.co.jp/

印刷／製本・法令印刷

ISBN 978-4-00-730123-0 Printed in Japan